1991,
봄

1991, 봄

잃어버린 이름들을 새로 쓰다

권경원 글
이강훈 그림
정준희·송상교 보탬

너머북스

머리말

1991년을
기억한다는 것

죽은 이에게도 인권은 있다

퀸의 보컬리스트 프레디 머큐리의 장례식이 있은 지 며칠 후, 그의 돈독한 친구였던 팝가수 엘튼 존은 프레디가 죽기 전 그에게 보낸 베개 커버로 포장된 크리스마스 선물을 받았다. 그 안에는 프레디가 남긴 편지와 함께 엘튼 존이 가장 좋아하는 화가의 그림이 있었다. 엘튼 존은 자신의 자서전에 프레디 머큐리를 '죽기 전까지 친구를 위한 선물을 고르는 사람'이라고 적었다. 죽음 직전의 사람이 산 사람을 위한 선물을 고르는 행위에 집중하는 것, 그리고 산 사람이 죽은 사람의 이름과 행동들을 기억하고 기록한다는 것은 죽음으로 인간의 관계가 끝나는 것

5

이 아니라 새로운 차원의 관계로 이동하는 장면들을 상상하게 만든다.

사람은 죽은 뒤에도 남은 사람들 사이의 일원이 된다. 이것은 성소수자, 소수인종으로서의 불리함을 이겨 내고 전 세계인이 흠모하는 록스타가 된 프레디 머큐리 같은 영웅에게만 국한되지 않는다. 돌아가신 나의 외할머니가 몰래 건네주셨던 홍시와 일찍 죽어 버린 친구가 술만 들어가면 흥얼거리곤 했던 노래처럼 한 사람의 죽음은 삶의 종결이 아니라 다른 삶의 일부가 된다. 1970년대 전태일의 죽음과 1980년대 광주 시민들의 죽음을 겪고 난 뒤의 한국 사회가 그 이전과 같은 모습일 수 없었듯이 그렇게 개별적 인간에게 주어진 유한한 시간은 관계를 통해 확장되고 연속적인 인간 문명의 시간을 만든다.

달리 말해 사회는 산 사람끼리의 관계로만 채워진 것이 아니다. 그런 의미에서, 소유가 소멸되거나 대여 가능한 재화의 속성과는 다르게 무한한 확장성을 지닌 인권의 보편성은 사람의 죽음 이후에까지 항구적으로 누려야 할 고유한 성질의 것이 된다. 사람이 태어나는 동시에 어떤 권력으로부터도 침해당해서는 안 되는 보편적이고 신성한 인권이라는 권리를 갖는 것과 마찬가지로 죽은 이에게도 인권은 있다.

1991년 5월의 시간들을 뒤덮은 것은 불의에 저항하며 죽어 간 젊은이들의 인권을 폄훼하는 언어들이었다. "죽음의 굿판을 걷어치우라", "죽음을 선동하고 이용하려는 어둠의 세력이 있다". 죽은 이들에게 혐오와 배제의 언어들이 끝을 모르고 쌓이는 동안, 전투경찰(이하 전경)을 앞세운 공권력은 애도의 행렬들을 집요하게 파고들어 흩어 놓았다. 이한열의 장례식 행렬이 거대한 정점을 이루었던 1987년과 다르게 1991년에는 전경을 동원한 공권력의 주도 아래 노제 행렬이 지나는 모든 현장에서 폭력적 대치가 모든 것을 지배하는 풍경이 반복되었다.

"살아서 싸우지 죽긴 왜 죽어?"

하루아침에 목숨을 두고 제비뽑기를 하고, 시체 팔이를 하는 패륜적 무리로 낙인찍힌 노제 행렬 안의 사람들은, 스스로도 죽음의 책임을 국가폭력의 피해자들에게 돌리고 있었다. 애도의 행렬을 가로막고 최루탄을 난사하는 국가폭력은 일상으로 받아들이면서, 그 폭력을 고발하고자 자신이 가진 모든 것을 던진 젊음들에겐 "도대체 왜?"라고 묻고 있었다. 불의한 권력은 자신들이 소유한 물리력뿐만 아니라 노골적인 혐오와 배제의 언어를 통해 자신의 권력을 불려 내는 방법을 확실히 터득하게 되었다.

1991년 5월 18일 강경대를 실은 운구차가 장례식의 거듭된 연기 이후, 광주 톨게이트에서 가로막히자, 운암IC에 모인 광주의 시민들과 학생들이 1박 2일이 넘는 공방전 끝에 고속도로 옆 배수로에 길을 내어 도청이 보이는 금남로를 돌아 망월동 묘지로 가는 데 성공한다. 이 순간은 공권력의 막대한 물리력을 뚫어 가면서까지 죽은 자를 기리고자 하는 집단적인 애도 의지를 관철했던 유일한 순간이었을 것이다.

1991년 5월에 희생된 젊은 죽음들과 생존자들의 이야기는 오랫동안 희생과 헌신의 가치보다 미안함 혹은 죄책감 등의 전도된 가치로 대상화된 채 묵혀 오면서 그해를 기억하는 많은 이들에게 돌이키고 싶지 않은 트라우마로 남았다.

1991년이 1987년 이후 지속됐던 민주화 열망의 좌초를 지켜보는 시간이었다는 점보다 치명적인 것은, 삶과 죽음 사이에서 애도의 마음 길을 찾는 데에 실패한 애도 행렬 속 사람들이 당시 반복됐던 희생을 설명하지 못하는 곤경이 지속되어 왔다는 것이다. 그런 가운데, 나눠졌어야 할 사회적 책임을 돌발적인 개인에게 몰아넣는 혐오 사회에 모두가 너무 익숙해져 왔다. 타인의 희생이 가지는 존엄을 비췌하는 시간들이 반복되는 동안 우리 스스로 인간으로서의 존엄의 가치 또한 스스로 느끼지 못할 느린 속도로 지속적으로 별 볼 일 없는 일이 되어 왔다. 값없이 흘린 피란 있을 수 없다. 그런 의미에서 1991년 봄의 죽음들을 기억함에 있어서, 패배라는 단어를 얹어 놓는 것은 애도의 실패를 반복하는 것이다.

1991년 그해 거리에 모였던 사람들의 마음의 뿌리는 폭력으로부터 안전하지 못한 현실에 대한 경악이었고, 그 폭력에 희생당한 억울한 죽음에 대한 분노와 애도였다. 이름 없는 죽음이 가지는 희생과 헌신으로 환히 밝혔던 불의한 현실과 온당한 가치에 대한 공감과, 죽은 이에게나 살아남은 이에게나 사람으로 태어나 가져야 했을 최소한의 인권을 환기하는 것으로부터 1991년에 대한 기억의 복원이 새롭게 시작되기를 바란다.

나는 스무 살 언저리에 영원히 멈춰 버린 이름들을 기억하며 영화를 만들었다. 그리고 그 이름들 곁에 잠시 넋 놓고 앉아 있고 싶던 마음들을 모아 책으로 쓴다. 기억들이 모여 이야기가 되고, 이야기가 모여 삶이 된다.

다큐멘터리 〈1991, 봄〉의 엔딩 크레딧이 오르고, 극장 문 앞에서 영화를 봐주신 관객들과 대화를 하기 위해 기다리고 있으면, 종종 바로 옆 극장의 문틈으로 프레디 머큐리의 목소리가 가끔씩 새어나오곤 했다. 프레디 머큐리의 사망일은 1991년 크리스마스 이브를 한 달 앞둔 날이었다. 나는 옆 상영관에서 새어나오는 그의 곡들을 들으며, 1991년 이 땅에서 이름 없이 죽어 간 이들에 관한 기억들이 더 많은 분들께 나눠지길 기원했었다. 이야기는 계속되는 것이다. 프레디 머큐리의 일생을 다룬 영화 〈보헤미안 랩소디〉의 엔딩 곡이 〈쇼는 계속될 것이다show must go on〉가 되고, 〈1991, 봄〉의 엔딩 곡이 〈그래도 내 기타는 은은히 울고 있어요While my guitar gently weeps〉가 되는 이유다.

0.
1987년과 1991년
사이

1980년대 말,
한국 사회의 안과 밖

1987년 6월 항쟁

새로운 시대가 낡은 시대 앞에서 머뭇거릴 때, 역사는 거침없이 젊은 목숨들을 삼켜 버리곤 했다. 1988년 서울 올림픽 개최를 앞두었던 1987년의 한국 사회, 전두환은 정권 연장을 위해 체육관 선거로 자신을 대통령으로 뽑았던 그 헌법을 유지하겠다는 선언을 했고(4·13 호헌 조치), 신군부 정권의 정권 연장 시도 속에 서울대 학생 박종철이 남산의 밀실에서 물고문으로 숨지고, 연세대 학생 이한열이 학교 앞에서 최루탄에 맞아 쓰러져 목숨을 잃고 난 뒤, 그들을 애도하던 국민들이 일어나 응당 도래했어야 할 변화를 스스로 견인했다.

1987년 6월 항쟁은 이후 12월 대선에서 노태우 정권의 출범으로 귀결되면서 광주 학살의 주범이던 신군부 정권은 연장된 셈이었지만 한국 사회에 정치·사회·문화적으로 형식적인 민주주의의 이념과 제도가 자리 잡게 되는 결정적 순간이었음은 거스를 수 없는 것이었다. 전국에 걸쳐 학생, 노동자, 시민, 빈민, 농민 할 것 없이 전 국민이 참여했던 6월 항쟁 이후, 재야라는 이름으로만 존재해 온 각계각층의 시민운동이 도약하며 전무하다시피 했던 한국 시민사회의 초석을 다지기 시작했고, 여름을 지나 9월까지 현장의 노동자들이 노동조합으로 조직되며 진행되었던 노동자 대투쟁은 노동자의 정치적, 사회적 위상을 한 단계 위로 올려놓고 있었다.

　　그로부터 30년이 지난 2017년, 다큐멘터리 〈1991, 봄〉의 제작이 마무리 단계에 접어들고 있을 때, 박종철 고문치사 사건에서부터 이한열 최루탄 사망 사건까지를 다룬 극영화 〈1987〉의 크랭크인 소식을 들었다. 〈1987〉을 여러 번 극장에서 볼 기회가 있었던 나는 늘 엔딩에서 마음의 닻을 내리곤 했다. 버스 위에 올라 그 많은 사람의 함성을 지켜보았던 연희(김태리 분)는 그 이후에 무엇을 지켜봤을까? 〈그날이 오면〉을 불렀던 저 광장의 사람들은 그 이후 흘렀던 시간들을 어떻게 기억하고 있을까?

1980년대 말, 교복자유화로 중·고등학교 시절을 보내던 이들
에겐 나이키 신발과 스포츠 용품 회사의 상표가 크게 써진 에나멜
가방이 '머스트해브 아이템'이었다. 폴로 셔츠를 입고 소니 워크맨
에 일본의 안전지대(安全地帶) 그룹의 카세트 테이프를 꽂아 놓았던
친구들은 죠다쉬 스노우진으로 아래위를 도배한 채 헤비메탈을 듣
는 친구들과 어울리려 하지 않았지만, 압구정동에 새로 등장한 맥
도날드나 종로의 켄터키 프라이드 치킨에서는 주말마다 그들 모두
의 모습을 볼 수 있었다. 1980년대 내내 연말 가요대상을 영원히
석권해 갈 것만 같았던 조용필도 1987년 이후로는 10대 가수의 한
사람으로 머물러 있었다. 1987년 이전으로 다시는 돌아가지 않을
것처럼, 1987년 이후의 한국 사회는 많은 것이 변해 가고 있었다.

특히 1987년 이후 한국 경제는 '3저(低) 호황'(저금리·저유가·저달러)
을 배경으로 경제 성장률이 하강 곡선을 그릴 줄 모르던 시절이었
다. 보통 사람들이 본격적으로 주식시장에 참여하기 시작해 가던,
1985년 100포인트 대였던 주가지수가 1989년 3월 1000포인트에
도달한다. 겨우 5년 남짓한 기간 동안 10배가 상승한 것으로 한국
증시 역사상 가장 길었던 상승기의 정점에 있던 시절이며 채소밭
이던 서울 강남의 자투리 땅들이 강남 8학군의 명성과 함께 황금
을 낳는 아파트로 변신을 완료한 시점이기도 하다.

밖으로는 제2차 세계대전 이후 고착됐던 이념적 냉전 체제가 허물어지고 있었다. 소련의 서기장 고르바초프는 소련의 경제난을 개혁(페레스트로이카)과 개방(글라스노스트)이라는 기치 아래 사회주의 시스템에 자본주의 경쟁 시스템을 들이면서 극복하려 했고, 결국 몰타 회담(1989)에서 미국의 조지 부시 대통령과 함께 냉전의 종식을 선언하는 데 이르게 된다. 소련의 군사적 지원을 상실한 동구 사회주의 정부들은 독일의 통일(1990)을 정점으로 연쇄적으로 붕괴했으며, 일찌감치 개혁·개방 정책을 채택(1978)한 중국은 도시와 농촌의 양극화 문제를 떠안으며 시장경제로 이행하면서 1989년 톈안먼 사건을 고비로 사회주의 시장경제의 제2막을 꾀하고 있었다. 끊임없이 새로운 판매 및 공급 시장의 개척을 꾀하고 있던 미국에게는 이 모든 상황이 새로운 시장의 출현이었고, 새로운 데탕트 시대가 열리는 듯했다.

여소야대의 유화 국면

1987년 12월 16일 제13대 대통령 선거는 민주화 투쟁의 좌장격이던 김대중과 김영삼 '양김'의 분열이 해소되지 않으면서 전두환의 친구 노태우가 당선되었지만, 이듬해 총선에서 헌정 사상 처음으로 집권 여당의 의석이 과반수에 훨씬 못 미치는 여소야대 국면이 펼쳐진다.

거대한 병영 사회에서 움츠러져 있던 열망들이 모든 곳에서 터져 나왔다. 5·18 민주화운동, 언론 통폐합, 전 정권의 권력형 비리 등 군사 독재 정권을 소환해 호통을 치는 국회 청문회가 TV로 생중계되고, 국민의 모금으로 해직 기자들이 주축이 된《한겨레신문》이 창간되었으며, 롯데야구단의 최동원이 선수 노조에 준하는 선수회 조직을 주도하다 코리안시리즈 4승의 제물이던 삼성으로 트레이드된 것도 이때의 일이었다.

1987년 이후 학과마다 학회와 학생회를 통해 조직력을 갖춘 학생운동은 전국대학생대표자협의회(이하 전대협)라는 전국적 조직을 만들어 〈젊음의 행진〉이라는 TV 프로그램에 출연하기도 했던 유복한 집안의 여대생 임수경을 북한에서 열리는 평양 세계청년학생축전에 파견해, 남한 사회는 물론 북한 사회에도 충격적 파장을 낳았던 과감한 전술을 구사하기도 했다. 전대협 의장이 여고생들의 잡지에 실리던 그때가 1989년이다.

3당 합당과 범죄와의 전쟁

군부와 검찰, 종교를 필두로 언론과 사학재단까지 독재 정권하에서 무소불위의 힘을 가지고 있던 사람들은 야당에게 국회 상임위원장 자리를 건네고 여론에 끌려 다니는 대통령 노태우를 물태우라고 부르며 압박했다. 당시 6공의 황태자로 불리며 차기 후보로 거론되던 사람은 영부인의 친척이자 노태우 정권에서 정무장관과 체육청소년부 장관을 지낸 박철언이었다. 그는 '88 서울올림픽'을 앞두고 북한을 비롯한 공산주의 국가와의 관계 개선 의지를 천명한 7·7선언의 막후 실무자였으며 대북 밀사 역할까지 했던 인물이었다.

박철언은 1979년의 남민전('남조선민족해방전선준비위원회'의 약칭) 사건의 검사이자 5공화국 헌법의 기초 작업에 참여하기도 했던 공안 검사 출신으로 월계수회라는 사조직을 만들어 노태우를 대통령으로 만드는 작업을 한 인물이다. 그는 올림픽 이후 정권이 수세에 몰리자 통일민주당의 김영삼과 신민주공화당의 김종필을 따로 만나 내각제 카드로 권력을 분점할 것을 설득했고 결국 1990년 1월 22일 당시 여당인 민주정의당과 야당인 통일민주당과 신민주공화당이 '민주자유당'으로 합당하는 인위적인 정계 개편에 이르게 된다.

야당에는 김대중이 이끄는 평화민주당과 노무현을 비롯해 민자당 합당에 동의하지 않았던 통일민주당의 일부 의원만이 남았고, 개헌선 200석을 훨씬 넘긴 압도적 다수 여당을 등에 업은 노태우 정권은 그해 말 범죄와의 전쟁을 선포하며 검찰과 경찰이라는 공권력이 주도하는 공안정국으로 한국 사회를 급속히 냉각시켰다. 범죄와의 전쟁이 선포되던 날은 베를린 장벽이 무너진 지 1년 남짓 되어 가던 날이었다. 무언가 단단히 거꾸로 가고 있었다.

프랑스 대혁명(1789) 당시 시민들이 왕의 목을 베고, 인간 모두
가 스스로 타고난 존엄이 있음을 전 인류에게 선언한 것만으로 수
천 년 역사의 정복자와 노예의 관계를 완전히 청산해 버린 것은 아
니었다. 프랑스 스스로도 대혁명 이후 길게는 파리 코뮌(1871)에 이
르기까지 거의 한 세기를 크고 작은 혁명과 반혁명의 소용돌이에
휩싸여야 했다. 한국의 현대사에는 1960년 마산 앞바다에 떠올랐
던 17살의 김주열로부터, 평화시장에서 근로기준법 책을 안고 화
염에 휩싸여 생을 마감한 전태일, 공수부대의 발포에도 광주 도청
을 끝까지 지켰던 윤상원의 이름 들이 새겨져 있지만, 5·16 쿠데타
로부터 신군부의 집권까지 교활하고 어이없는 반역사적 시간들도
보란듯이 반복되었다.

20년이 넘게 지나서야 〈1991, 봄〉이라는 영화를 만들게 되면
서 1987년과 1991년 사이의 시간들을 다시 응시했다. 이 글로 써
낸 지난한 이야기들은 얼마 지나지 않아 훨씬 깔끔한 문장들로 정
리되어 교과서에서도 볼 수 있을 이야기들이 될 것이다. 다만 내
가 당시의 자료들을 되짚어 올라가면서, 그리고 촬영을 다니면서
1987년 이후 1991년 직전의 기간 동안 영화를 찍기 전에는 자각
하지 못했거나 외면하고 있었던 몇 순간이 있었음을 밝혀 두고자
한다.

그 첫째는 영화를 위해 마석 모란공원을 촬영하다가 우연히 발견한 내 동년배의 죽음이다. 나는 그의 무덤 앞에 한참을 서 있었다. 충남 태안에서 고학을 위해 서울로 올라왔다가 수은 중독으로 죽어 간 16살 노동자의 이름은 문송면이었다. 노동자대투쟁으로 형성된 의욕적이면서도 새로운 흐름들은 문송면을 빗겨 흐르고 있었다. 올림픽으로 모든 사회가 출렁였으며, 노동 현장마다 노조가 세워지기 시작한 해로 알고 있었던 1988년이 그가 이 땅에 마지막으로 머물던 해였다.

둘째는 아직까지 동의대학교 사태로 불리는 1989년 5월의 일이다. 그해 부산 동의대에서는 입시 부정이 학생들에 의해 밝혀져 학내 시위가 벌어지고 있었다. 이때 전경 5명이 학생들에 의해 감금되고, 이를 구출하려던 경찰관 7명이 화재와 추락으로 숨졌다. 이 사건으로 91명의 대학생이 구속되었으나, 입시비리가 최종적으로 밝혀져 2002년 민주화운동으로 인정되면서 또다시 논란에 휘말리기도 한 사건이다. 1989년 초 교수의 양심선언으로 촉발된 사학의 입시 부정에 대한 정권의 해결책은 공권력을 동원한 강경 진압이었다. 분명한 것은 이 사건을 빌미로 시위에 대한 폭력적 대응을 명시하는 공안정국의 법적, 제도적 움직임들이 가속화되면서 1991년의 비극들을 잉태하고 있었다는 점이고, 이 일이 있기 전부터 사학 분규에 대해 학원안정화 방안을 발표하며 강경 진압으로 일관하던 당시 정원식 문교부 장관이 이후 1991년 정국에서 총리로 부임했다는 점이다.

마지막으로 다시 보게 됐던 1989년 5월 강남의 한 명문고에 다니던 한 고등학생의 일기였다.

내일은 엄마에게 도시락 5개를 싸 달라고 했다.

엄마가 왜 도시락이 토요일인데 5개씩이나 필요하냐고 물어보셨는데 나는 그냥 학교에 밥 못 먹는 친구가 있어서 갖다주고 싶어서라고 얼버무렸다.

사실은 내일은 명동성당으로 전교조를 설립하기 위해서 싸우고 계시는 선생님들을 응원하러 간다. 선생님께서 맛있는 도시락을 드시고 조금이라고 힘을 내시겠지….

우리 엄마 음식 솜씨는 세계에서 최고니까 말이다.

지금의 노태우 정권도 전두환 군사 독재와 다름이 없다. 왜냐면 참교육을 실천하고 학생들의 인성 교육과 민주화를 위해서 일하시는 선생님들을 탄압하고 있기 때문이다. 우리에게 진실한 선생님이 필요하다. 전두환은 광주 시민들을 학살했고 노태우는 교육을 대학살하고 있다.

_1989년 5월 24일 금요일

이 일기가 쓰여지고 나흘 뒤, 연세대에서 전국교직원노조(전교조)가 출범식을 가졌다. 노태우 정권은 헌법에 보장된 노동 3권이 교사에게는 해당될 수 없는 것으로 간주한 뒤, 노조 가입 자체를 불법으로 몰아 1,500여 명의 전교조 가입 교사를 해직했다. 이 과정 한가운데엔 자신이 따르던 선생님이 하루아침에 학교에서 사라지는 것을 목격한 학생들이 있었다. 이 일기를 썼던 학생의 이름은 그로부터 2년 뒤인 1991년 4월 26일, 명지대 앞에서 시위 도중 전경의 쇠파이프에 맞아 숨을 거둔 강경대이다. 그 후 그의 죽음을 있게 한 정권에 항의하며 대학생 3명이 연이어 분신자살을 했다. 전남대의 박승희, 안동대의 김영균, 경원대의 천세용 세 사람의 공통점은 모두가 대학 2학년생이었다는 것 이외에도 고교 시절 전교조 교사의 해직 사태 한복판에 있었던 학생들이었다는 사실이다.

강경대의 죽음으로부터 한 달이 채 되지 않았던 시간 동안 대학생 2명이 공권력의 과잉 진압으로 목숨을 잃었고, 한 명의 노동자가 의문사를 당했으며, 젊은이 8명이 살의 가득한 공권력에 저항하며 분신자살을 감행했다. 한국의 민주화 원년으로 불리는 1987년의 직후였던 시간. 거대한 권력을 쓰러뜨렸다고 여겼던 직후였음에도 왜 젊은이들의 희생이 멈추기는커녕 오히려 더 늘어만 갔을까?

압축성장한 산업화의 그늘 속에서 전태일의 죽음을 막을 수 없었던 것처럼, 압축적으로 성취된 민주화의 그늘로 인한 비극 또한 더욱 짙고 넓었다. 남을 살리자고, 자신이 죽는 당혹스러운 역설들은 1987년 이후에도 반복되었다.

사학 비리 척결, 전국적 노동조합 건설, 위안부 증언까지 1991년 한국 사회에 제기된 난제들은 서울 종로나 부산 서면이 아니라 각자가 서 있는 삶의 현장에 던져진 물러설 수 없는 싸움이었다.

모두가 망각하고 싶던 그 시간들이 다가오고 있었다. 자신과 별반 다름없던 이들의 가슴 아픈 희생을 기억하고 있는 이들에게 그 시간들은 우연한 생존의 역사인 동시에 생존의 수모를 견뎌야 한 순간이기도 했다.

1991년의 이미지 정치와 언론권력의 탄생

정준희[*]

　　　　　　　　1991년과 언론을 연결시켜 바라
보는 것은 다소 생소한 시각일 수 있다. 하지만 적어도 1991년을
경험한 이들의 기억 속에 각인되어 있는, 그리고 1991년을 직접 경
험하지 못한 세대가 그 시기를 되짚어 볼 때 가장 뚜렷하게 표상되
는 건 백골단[**], 쇠파이프, 분신, 계란과 밀가루 등이다. 그리고 우
리는 그것을 당대 신문과 방송이 전달했던 지배적인 '이미지 연쇄'
를 통해 기억하고 접한다. 그 이미지 연쇄를 꿰어 주는 인식과 해
석의 틀(frame)은 바로 '어둠의 세력'이다. 백골단과 쇠파이프로 상

---

[*]　이 글은 정준희(한양대 정보사회미디어학과 겸임교수)가 쓴 글이다.
[**]　1980~1990년대 학내 시위자들과 시위 군중을 진압하고 체포하기 위해 구성된 사복 경찰관
　　으로, 사복 체포조라고도 함.

28

징되는 무자비한 국가 폭력의 문제가 어느 순간 불순한 세력이 뒤에서 조종하는 패륜적 폭력의 문제로 뒤바뀌어 버린 것. 그로써 처절한 저항적 행위였던 분신은 철없는 자기 파괴이자 도구화된 죽음으로, 그리고 부당한 권력자에 대한 항의는 '스승마저도 무자비하게 잡도리하는' 무절제한 맹동으로 전치되었다. 여기에 1991년의 언론이 있었다. 이들 언론은 1987년 민주화 이전의 언론, 즉 독재 권력 주변에서 잔반을 얻어먹던 애완견과도 달랐다. 그들은 적어도 형식적으로는 민주적 절차에 의존해야 했던 '민주화 이후의 정치권력'을 낙점할 수 있을 만큼의 힘을 지니게 된 언론이었으며, 이를 위해 자신의 상징권력을 효과적으로 사용할 수 있게 된 언론이었다. 그 배경을 이해하려면 1987년을 전후로 우리 사회의 파워엘리트 구조에 어떠한 변화가 발생했는지를 짚어 볼 필요가 있다.

파워엘리트 내부 구조가 변화하다

대통령 직선제 쟁취 이후 처음 치러진 1987년의 대통령 선거에서 정치권력은 다시금 노태우가 주도하는 신군부와 우파 정치연합이 보전할 수 있었다. 그러나 이들이 구성한 파워엘리트는 전에 비해 취약한 성격을 지니고 있었다. 군대, 경찰, 검찰, 정보기관 등의 폭력적 국가기구에 대한 장악력은 여전히 갖고 있었지만, 파워엘리트 내부의 권력블록(power bloc)이 전보다 훨씬 복잡하게 분화되고 있었음에도 이들에 대한 일원적 통치 체제를 갖추기에는 노태우를 정점으로 하는 핵심 파워엘리트의 정치적 정당성과 헤게모니적 포괄력이 충분치 못했다. 무엇보다도, 파워엘리트의 주변부에서 중심부의 위치로 새로 부상한 의회권력이 김영삼, 김대중, 김종필 등 지역에 거점을 둔 이른바 삼김(三金) 세력에 의해 분점되었다. 특히 1987년 대선 직후에 치러진 1988년 총선 결과로 우리 헌정사에서 사실상 최초로 형성된 여소야대 구도는 더 이상 전처럼 단순한 형태의 파워엘리트 구성과 작동이 불가능해졌음을 뚜렷하게 보여 주었다. 게다가 과거에는 파워엘리트의 종속적 구성 요소에 불과했던 재벌이 정치권력에 의한 직접 통제를 상당 부분 거부할 수 있을 만큼의 거대 경제권력으로 성장했다. 형식적 민주주의 제도의 도입으로 말미암아 헌법재판소와 법원 등의 사법권력 역시 독자적 권력블록으로서의 지분을 점점 강화해 가는 양상이 펼쳐졌다.

1991년의 5월 정국을 이끌어 낸 핵심 요소는 비제도권 민주화 세력을 대상으로 집중 타격을 도모하면서 노태우 정부가 주도했던 공안정국이다. 1987년 체제는 기존에는 사실상 '재야' 세력으로 배제되어 있던 김대중과 김영삼 등을 제도권 안으로 편입시켰다. 여전히 재야에 남아 있던 운동권은 1987년 체제를 불완전한 것으로 보고 통일과 노동 문제를 중심으로 더 심층적인 민주주의를 밀어붙이고자 했다. 노태우 정부가 '5공 청산' 선에서 대다수 국민의 요구를 수렴하고 제도권으로 들어간 민주화 세력이 이에 집중하도록

하는 한편, 비제도권 민주화 세력에 대해서는 친북좌경이라는 딱지를 붙여 민주주의 체제 바깥으로 도려내고자 하는 조직적 반격을 기획한 게 바로 공안정국이다. 그리고 이를 상징하는 대표적 국가장치가 국가보안법과 함께 1989년에 제정된 「화염병사용등의처벌에관한법률」이었다. 법률 전체가 처벌 규정만으로 구성된 별도의 형법이라고 할 만큼 그 의도와 목표물이 명확했던 이 법률은 1989년 내내 수많은 학생 활동가를 잡아들이는 데 혁혁한 공을 세웠다. 1990년 1월 22일에 노태우의 민주정의당, 김영삼의 통일민주당, 김종필의 신민주공화당이 전격 '3당 합당'을 선언하고 속칭 '보수대연합'을 결성한 것은 전에 비해 구성이 복잡해진 한국 파워 엘리트의 정치적 외연을 보여 주는 매우 특징적인 사건이라고 할 수 있다. 이로써 김대중의 평화민주당을 호남 지역으로 한정시켜 정치권력으로의 진출 가능성을 차단하고자 했고, 기타의 진보정당과 재야 운동권은 종래의 '민주화' 세력이 아니라 맹동적 친북좌경으로서 고립시키는 것이 목적이었다.

1988년의 여소야대 구도가 위축된 권위주의 세력과 확장된 민주주의 세력으로 재현된 제도권 정치를 의미했다면, 1990년의 제도권 정치는 '자유 민주주의'를 간판으로 내건 거대 여당(민주자유당)과 맹동적 친북좌파와의 기존 연결고리를 끊어 내지 못한 소규모 호남 정당(평화민주당)의 구도로 별안간 재편된 셈이다. 이는 기존의 민주 대 반민주 구도를 결정적으로 오염시킨 꽤나 성공적인 정치 프로젝트로서 기록될 만했으나, 파워엘리트 구성의 외연 확장과 복잡화에 따른 내부적 고민을 증대시킨 것도 사실이다. 특히 권력 재창출 구도의 불안정성·불예측성이 급속히 커짐으로써 수시로 공백이 발생했고, 파워엘리트 내부의 이익을 조율하는 한편 대외적 정당성을 확보하기 위한 담론 경쟁의 중요성이 커졌다. 바로 이 틈새를 파고든 것이 한국의 주류 언론이다. 이들은 3당 합당으로 탄생한 새로운 파워엘리트 지배 체제를 거부하는 잔류 야당과 재야 세력의 저항을 (주로는 지역감정과 레드 콤플렉스를 동원하여) 제압하거나 분산시키는 한편, 핵심 파워엘리트 내부에서 특정 정치 세력이 주도권을 쥘 수 있도록 목적의식적으로 지원하는 역할을 자처했다.

주류 언론, 상징조작을 주도하다

1991년의 5월 정국은 주류 언론의 그런 상징권력이 실로 빛을 발한 시기였다. 나는 그것이 김지하의 '죽음의 굿판', 박홍의 '어둠의 세력', 정원식의 '스승을 폭행하는 제자'의 이미지 연쇄로서 완성되었다고 본다. 이런 이미지 연쇄는 5월 초부터 6월 초에 이르는 한 달 동안 집중적으로 형성됐다. 그 시발점은《조선일보》가 5월 5일에 게재한 김지하의 기고문이다. 저항 시인에서 생명 사상가로 '전향'한 그가 "젊은 벗들"에게 "죽음을 이용"하지 말라고 준엄하게 꾸짖는 것에서 폭력의 이미지는 국가로부터 운동권에게로 신속히 전가됐다. 그로부터 사흘 뒤인 5월 8일에는 서강대 박홍 총장이 교내 메리홀에서 기자회견을 열어 "지금 우리 사회에는 죽음을 선동하는 어둠의 세력이 있다"면서 "살아 있는 우리들이 이들의 실상을 파헤쳐야 할 것"이라 주장했다. 박홍은 1991년 5월 24일에 게재된 《중앙일보》 인터뷰를 통해 "'어둠의 세력'은 실존 단체 아닌 죽음 선동하는 사회적 분위기"를 지칭한 것이라며 부분적으로 해명했지만, 그가 말한 대로 "실상"을 파헤치는 매카시적 국가 개입이 곧바로 후속된 것은 결코 우연의 일이라고만 볼 수 없다. 게다가 그는 1994년 8월을 전후로는 아예 수만 명 단위의 "주사파 암약설"을 적극적으로 주장하면서 자신의 매카시즘을 곳곳에 전파하는 전도사로서의 면모를 보여 줬다.

이 회견은 신문과 방송의 거의 모든 지면을 도배하다시피 했고, 김지하가 언급한 어리석은 젊은 벗들은 어둠의 세력에 의해 선동당한 생명 경시 세력이 됐다. 김지하와 박홍은 한때 군부 독재에 저항한 당사자이거나 그런 학생들을 보호했던 '어른'으로서의 상징권력을 지니고 있었고, 민주주의를 위한 투쟁에 동참하기는커녕 오히려 탄압을 방조한 주류 언론들이 그것을 십분 활용했다.

김지하와 박홍의 상징권력에 힘을 실어 주고 날개를 달아 준 주류 언론이 그다음 단계의 상징조작에 힘을 쏟은 건 수사학적으로 지칭된 '어둠의 세력'에 실체성을 부여하는 일이었다. 박홍 총

장의 어둠의 세력론은 기자회견이 있던 날 새벽에 발생한 전국민
족민주운동연합(이하 전민련) 사회부장이었던 김기설 씨의 분신 사건
에 대한 직접적인 대응이었다고 할 수 있다. 5월 9일 경찰은 서강
대생 7명을 소환 조사했고, 곧바로 분신 배후설이 《중앙일보》 등
을 통해 급속히 퍼져나갔으며, 이후 정국은 '백골단에 의한 강경대
타살'과 그에 저항하는 '분신' 국면에서 유서 대필 혐의 등을 포함
한 '분신 방조자 색출' 국면으로 전변되었다. 그리고 여기에 쐐기
를 박은 것이 바로 6월 3일 한국외대에서 발생한 정원식 총리 폭
행 사건이었다. 노태우 정부가 시국 수습 방안으로 (공안정국을 이끈 강
경 이미지의) 노재봉 총리를 물러나게 하고 그 자리에 (상대적으로 온건하
다고 주장된) 정원식 전 문교부 장관을 총리로 지명한 것이 5월 24일
이었다. 그리고 취임을 앞둔 6월 3일, 외대에 마지막 강의를 하러
갔던 스승은 몰지각한 학생 운동권에 의해 집단 폭행을 당하며 여
기저기 끌려다녔다. 이것이 당시 언론이 성공적으로 창출해 낸 이
미지이다.

　그는 문교부 장관 재임 시절 전교조 해직 사태를 주도한 인물로
서 장관 시절에도 이미 여러 차례에 걸쳐 그와 유사한 형태의 격렬
한 항의를 받은 경험이 있었다. 게다가 그는 총리로 지명되었을 때
에는 대통령 특사로서 한 달 간 아프리카 순방을 다니고 있던 중이
었다. 그런 (아마도 이런저런 이유로 강의에 충실하지도 않았을) 그가 외대 교육
대학원 교수로서 '마지막 강의'를 하기 위해 방문했다는 것은 선뜻

34

이해가 가지 않으며 그만큼 고도로 계산된 이미지 연출 전략의 혐의를 짙게 남긴다. 그는 왜 대중교통을 이용했을까? 총리 경호 인력조차 딱히 마련되지 않은 상태였음에도 그 수많은 언론 기자와 카메라는 어떻게 현장에 있었던 걸까? 진실이 무엇이었든 6월 3일의 텔레비전 뉴스는 무척이나 혼란한 시선으로 담겨진 아수라장을 보도했고, 6월 4일의 신문 보도 1면은 밀가루와 계란을 뒤집어쓴 채 무기력하게 끌려다니는 '듯한' 총리이자 스승의 무참한 모습으로 장식됐다. 경찰은 외대를 급습했고, 문익환 목사는 재수감되었으며, 정부는 88명의 재야 인사 검거에 나섰다. 이로써 노태우 정부의 공안정국은 불과 몇 달의 진통 뒤에 그보다 더 강력한 '신공안정국'으로 탈바꿈한 셈이다.

이렇게 막을 내린 1991년 5월 정국은 국가폭력의 희생양이었던 재야 세력에게 패륜적 폭력의 낙인을 찍는 역설적인 결과를 빚었다. 하지만 그렇다고 해서 노태우로 대표되는 신군부, 경찰, 정보기구 연합으로서의 민정계가 정치적 승리를 거둔 것은 아니었다. 그들이 지목한 좌측의 극단을 성공적으로 도려내는 데 일조했고, 그로써 자신의 상징권력을 과시할 수 있었던 언론은 핵심 파워엘리트 내부의 권력 투쟁 과정에서 (이 또한 그들이 지목한) 우측의 극단을 정치적으로 배제하는 힘을 발휘할 수 있었기 때문이다.

요컨대 이를 계기로 과거의 도구적 언론에서 주창적(advocate) 언론으로의 기능 전환이 발생했다는 것이다. 주류 언론 기업과 언론인 들은 파워엘리트의 주변부를 넘어 핵심적인 지위를 도모할 만큼 상당한 권력 지분을 갖게 됐다. 이 시기를 거치면서, 특정 언론 사주를 '밤의 대통령'이라 일컫는 경우가 심심찮게 회자되기 시작했다. "언론의 권력화", "선출되지 않은 권력", "권력을 창출하는 권력" 등과 같이 언론을 권력과 직접 연결 짓는 학술적 관찰 역시 빈번해졌다. 핵심 파워엘리트에게 부족한 담론권력을 견지함으로써 독자적으로 핵심 파워엘리트와 거래를 시도할 만큼 강력히 성장한 한국 언론의 특성 변화를 짐작케 해 주는 대목이다.

언론재벌 언론권력의 탄생

언론이 파워엘리트의 주변부를 거쳐 핵심 구성 요소로 부상할 수 있었던 것에는 앞서 언급한 담론권력의 확보를 통한 권력 게임에의 참여라는 요인도 중요했지만, 언론기업이 국가의 보호를 벗어나 스스로 물적 토대를 확보하기 시작했다는 점도 크게 작용했다. 1980년대까지의 국내 언론이 국가의 통제 아래 놓일 수밖에 없었던 것에는, 파워엘리트 구조 안에서 국가권력이 차지하고 있는 비중이 지나치게 비대했다는 점, 그리고 그런 국가가 제공해 주는 경제적 특혜 없이는 언론기업이 스스로 생존할 수 없을 만큼 물적 토대가 빈약했다는 점이 중요했다. 그러나 이 무렵부터 '재벌신문' 혹은 '언론재벌'이라는 표현이 널리 쓰이기 시작했다는 것, 즉 한국 사회에서 언론이 재벌의 일원으로 표현되기 시작했다는 것은 주요 언론이 파워엘리트화의 중심부로 진입할 상징적 수단뿐 아니라 물적 수단까지도 확보하게 됐음을 의미한다. 1987년 민주화 이후 10년도 지나지 않아서, 국내 언론은 정보와 의견의 관문을 장악하여 담론적 영향력을 구축한 '언론권력'이 된 것이다. 특히 정치권력의 주기적 재생산이라는 (한국 사회로서는 실질적으로 처음 경험해 보는) 제도정치의 복잡한 동학을 매개하는 과정에서 기존 파워엘리트를 해체하고 재배열하는 게임에 깊숙이 관여함으로써 이른바 '밤의 대통령'의 지위에 오를 수 있었던 셈이다.

민주주의를 위해 투쟁하는 이들을 탄압하는 도구였던 주류 언론이 마침내 주어진 자유와 민주를 도구화하여 타인의 자유를 억압하고 민주주의를 오염시키는 권력화 과정을 지켜보아야 했던 많은 이들의 마음은 과연 어떠했겠는가?

01.
1991년
악몽의 서막

돌아오지 못한
대학 신입생 강경대

1991년 4월 26일.

밥은 꼭 먹고 가라는 엄마의 메모 밑에, 명지대 신입생 강경대는 '엄마, 아빠 학교에 가서 공부 열심히 하고 금방 올게요'라고 덧붙여 써 두고는 집을 나갔다. 그날 오후, 그는 등록금 문제로 경찰서에 잡혀 있는 총학생회장 구출 시위에 참여했다.

시위가 끝날 무렵이었다.

시위대 선두에 있던 학생 10여 명이 교문 밖 50미터 지점까지 진출하던 순간, 골목에 숨어 있던 사복 체포조들이 그들을 연행하기 위해 최루탄을 쏘며 뛰어왔다. 강경대는 이 광경을 목격했다. 다급해진 그는 갑작스러운 체포조의 등장을 알리기 위해 무작정 달려나갔다.

강경대

사복 체포조들이 자신들을 향해 뛰어오던 강경대를 보았다. 그가 그들을 피해 교문 옆, 철망이 제거된 담벼락을 넘어 학교 안으로 피하려던 순간, 사복 체포조 한 명이 발을 잡아 담장 아래로 끌어내렸다. 담장 벽에 비스듬히 세워놓고 움직이지 못하게 붙잡았다.

115센티미터 길이의 쇠파이프로 강경대의 가슴과 어깨를 마구잡이로 내리쳤다. 130센티미터의 각목으로 왼쪽 다리를 가격하고, 허벅지를 난타했다. 100센티미터의 쇠파이프로 왼쪽 다리 부분을 다시 내리치고 발로 배를 계속 걷어차면서 머리를 잡은 채 경찰 진압봉으로 머리와 팔을 가격했다.

전경들은 쓰러진 그를 길바닥에 그대로 두고 자리를 떠났다. 강경대는 한마디 말도 남기지 못한 채, 어머니의 메모에 써 두었던 약속을 영영 지키지 못하게 되었다.

당시 젊은이들의 시위에서의 부상은 일상이었다. 영화를 만들면서 알게 된 사실 중에 하나는 1990~1991년 사이에 시위 도중 최루탄 등에 실명을 한 학생들이 학교마다 있는 것이 아닌가 싶을 정도로 흔했다는 것이다. 하물며 시위와 상관없는 국가의 폭력도 일상적으로 이루어졌다.

역시 신입생이던 나 또한 MT 답사를 위해 학교 후문을 나서던 도중 전경에게 잡혀 린치를 당한 경험이 있다. 백주대낮에 지나가는 사람을 아무나 끌어내서 마구잡이로 때리는 일이 대학교 교정에서 버젓이 벌어지던 그런 시절이었다.

　뒤늦은 저녁, 집에 돌아와 켜 있던 TV에서 강경대가 사망했다
는 속보를 마주했다.

강경대 없이
흐른 시간

1996년 3월 11일.

피고인석의 전두환과 노태우가 뭐라고 이야기하며 악수를 나누던 순간 법정 뒤에서 한 방청객의 고함 소리가 들려왔다.

"전두환, 노태우 이 살인마들아, 너희들이 대통령이야? 무슨 스타냐? 역사의 반역자들이 용서를 구해야지."

전두환의 둘째 아들 전재용이 고함을 친 방청객의 목을 붙잡은 것을 시작으로 세 아들이 그를 둘러쌌고, 이내 "죽여라", "밟아 버려"라는 전씨 측근들의 욕설과 함께 5~6명의 주먹질과 발길질이 그에게 가해졌다. 그 방청객은 전치 3주의 상처를 입었다. 그는 강경대의 아버지 강민조 씨였다.

20년이 흐르고, 2011년 명지대학교에서는 그를 추모하는 문화제가 열렸다. 1991년에 태어난 아이들이 대학 신입생이 되어 참여하기도 한 행사였다. 이 자리에서 김현아 명지대 총학생회장은 4명의 학생이 자살한 카이스트 등록금제의 징벌적 특성을 토로하며, 명지대 안에서도 여전히 진행되는 등록금 문제와 비리 의혹을 제기하고 있었다.

지금으로부터 30년 전, 강경대의 죽음을 항의하며 거리에 있었던 사람들은 이런 말들을 외치고 또 들었다.

"경대는 아직 싸우고 있다."

"열사는 무슨 열사냐? 그렇게 싸워 봐야 아무것도 변하지 않는다."

강경대가 아닌 사람들은, 강경대가 없는 시간을, 그 어떤 말도 틀리지 않게 보이도록 살아온 것일까. 고교 졸업식 때 값싸게 찍었다고 좋아하던 사진이 영정사진이 되었다는 사실 너머로, 얼마든지 외면이 가능했던 그 자리에 그가 서 있었다는 자명한 사실에 대한 다른 시각의 반추가 필요한 시간이다.

이정순(강경대의 노제 날 연대 앞에서 산화)의 조카딸 결혼식(2018년) 때 뵈었던 경대 어머님의 머리카락은 완전히 하얗게 셌다. 1991년 당시 시위 때마다 쩡쩡하던 모습과 달리 그해 내내 결핵으로 고생했다던 그의 누나 강선미도 어머니를 닮아 새치가 머리의 반을 덮었다. 그사이 강경대의 묘역은 2014년 광주 망월동에서 이천 민주화운동기념공원으로 이장했다.

2016년 초 명지대학교 재단 측은 학교 앞 도로 확장 공사를 하며 학교 담 길에 놓여 있는 강경대의 추모 동판을 없애겠다는 계획을 세운 바 있었다. 유가족과 동문들의 싸움 끝에, 그의 추모 동판은 교내 학생회관 앞 민주 계단이 없어진 자리로 옮겨졌다. '강경대 민주 광장'이라는 새로운 이름이 지어졌고, 추모 동판이 있었으며, 강경대가 쓰러졌던 그 자리에는 표지석을 세우기로 학교 측과 협의가 이루어졌다.

일상 속에서 부모님께 다정다감한 메모를 잊지 않던 강경대의 꿈은 자신이 벌게 되는 수익의 99퍼센트를 사회에 환원하는 사업가였다. 그의 노트에는 이런 메모가 남아 있었다.

1991년 4월 20일

아빠가 말씀하셨다. 전두환이 광주 시민을 학살하고 정권을 강탈하고 자기 친구인 노태우한테 물려주었다고 한다. 정당한 정권이 아니기 때문에 데모를 해야 되지만 앞장서지 말고 맨 뒤에서 하라고 하시기에 나는 "네" 하고 대답했다.

아빠의 말씀이 무슨 뜻인지 알아들었지만… 나는 이전에 최루탄을 맞고 나서 더욱 정권의 부조리를 느꼈고 나처럼 다치는 학우들이 더 이상 나오지 않도록 해야겠다는 마음뿐이다. 이 나라는 군인의 나라가 아니다. 또한 우리 선조들은 빼앗긴 나라를 찾기 위해 목숨을 바쳐 싸웠다. 군사 독재 정권이 물러나고 민주주의를 이루어 낼 때까지 행동으로 실천할 것이다.

바르고 건강하게 자란 학생이 스스로에게 건넸던 당연한 다짐들은 지금의 대학 신입생들에겐 어떻게 읽힐까? 강경대 군의 죽음은 돌발적인 것은 아니었다. 노태우 정권이 들어선 뒤 서서히 고개를 들던 국가폭력이 완연히 맨 얼굴을 드러낸 사건이었다. 강경대의 죽음은 1991년에 일어난 모든 일의 시작이 아니라 결과일 수 있다. 우리는 그가 죽기 전의 시간들을 되돌아볼 필요가 있다.

우린 너무
오래 참고 살아왔어[*]

    1991년 크리스마스 저녁 7시.

고르바초프의 '소비에트 사회주의 공화국 연방' 해체 선언과 함께 모스크바 붉은 광장 게양대에 있던 소련의 붉은 국기를 내리고 러시아 삼색기를 올리면서 냉전 종식의 대단원을 연출했다. 낡은 세계가 새로운 세계로 교차되는 것처럼 여겨지던 혼돈의 시대에 1991년의 봄이 움푹 패여 있다.

    그해 초, 고3 수험서를 다 덜어 낸 나의 헐렁한 가방엔 보통 기형도의 시집과 이승환, 메탈리카, 정태춘의 음악 테이프 들이 달그락대고 있었다. 세 테이프 중 하나는 바지 주머니의 카세트 플레이

---

[*]   정태춘의 노래 〈아, 대한민국〉 중에서

어에 꽂혀 있기 마련이었는데, 아침엔 〈좋은 날〉을 들으며 등교하고 〈master of puppet〉을 들으며 강의실을 찾아다니며, 〈우리들의 죽음〉에 눈물 지으며 하교를 하는 식이었다. 거기에 여분의 건전지만 있다면 세상을 다 가진 것 같은 봄이었다.

사범대를 다녔던 나와 동기들은 고등학교 시절 전교조가 출범한 덕에 선배들로부터 참교육 세대라고 불렸다. 노동자들은 어용 노조를 민주노조로 바꿔 나갔고, 고등학생까지도 학생회장 직선 투표를 요구했다. 군사 정권 내내 숨죽여 있던 자유, 평등, 노동, 통일, 인권 등 교과서에서만 보던 말들이 사람들 사이를 오가던 시간들이었다.

이러한 사회 변화를 거슬러 올라보면 1987년 6월 민주항쟁이 있었다. 1980년 광주 학살을 통해 정권을 탈취했던 군부 독재 세력은 고문 과정에서 숨진 박종철과 최루탄에 쓰러진 이한열로 촉발된 1987년 6월 항쟁에 백기를 들었다. 그해 대선에서 김영삼, 김대중 야당 후보가 각기 출마하며 군부 독재의 연장이라고 할 수 있는 노태우 정권이 탄생했지만, 미완성으로 남겨진 민주화의 잔열은 모든 사회로 퍼져 나가고 있었다.

정권의 반격,
3당 합당과 '공안 통치'

　　　　　　　　　1987년 대선 당시 『위대한 보통
사람의 시대』라는 선거용 책자에는 "지난날 인권 시비가 일어날 때
마다 잠을 이루지 못했다. 내 아들 내 딸과 같은 젊은이들이, 그것
도 조국의 내일을 염려하는 젊은이들이 고문을 받았다는 보도를
접했을 때 말할 수 없이 부끄러웠다"는 노태우 후보의 말이 적혀
있다. 그러나 '조국의 내일을 염려하는 젊은이들'이 '좌경 폭력 세
력'으로 바뀌는 데에는 많은 시간이 필요하지 않았다.

　1988년 13대 총선에서 국회는 여소야대가 되었다. 1990년이
되자 당시 여당이던 민주정의당은 정국을 돌파하기 위해 야당이던
김영삼의 통일민주당 그리고 김종필의 신민주 공화당과 3당 합당
을 하며 민주자유당이라는 거대 여당을 만든다. 민의를 왜곡하며

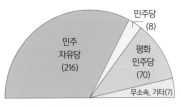

3당 합당 전 정당별 의석 분포 –총의석수 299

3당 합당 후 정당별 의석 분포. 1990년 12월

1990년 3당 합당 후 의석별 분포도의 변화

인위적으로 의회의 다수를 얻은 노태우 정권은 여소야대 시절 토론과 합의로 처리하던 주요 법안(방송법, 국군조직법, 광주관련법, 추경 예산 등)을 '날치기'로 통과시켰고, 청와대와 정·관계 인사들은 수서 특혜 비리, 페놀 오염 사태 등 다수의 비리에 연루되었다. 정권에 대한 분노를 지닌 시민들을 비롯해 성장하는 재야 운동권과 시민사회에 대해 그들이 선택한 통치 방법은 경찰과 검찰의 공권력을 통한 공안 통치였다. 법과 공권력을 동원한 통치라는 뜻의 공안 통치는 우리나라 역사에서는 공권력이 시민들을 상대로 직접적인 물리적인 폭력을 쓰는 한편, 정권에 대한 저항을 국가 전복, 좌익 빨갱이 등으로 간주하며 강력히 처벌하고 통제했던 것을 가리킨다.

프랑스의 신문 《르 몽드》는 1990년 1월 26일자 기사로, 한국 법무부 통계를 인용하며, 공안사범 규모가 증가했다고 전했다. 이에 덧붙여 "현재 학생과 노조원 지식인 등 9백 명의 양심범이 사실상 수감 상태에 있다"는 김대중 당시 평민당 총재의 주장과 '공안 통치의 주역'인 김기춘 당시 검찰 총장의 "다소 권위주의적이었던 5공화국과 달리 합법적인 정부를 가진 현 상황에서 폭력으로 이를 전복시키려는 세력과 싸우지 않을 수 없다"라는 주장을 동시에 실었다.

악몽의
전주곡

　　　　　　　　　　　　드라마 〈응답하라 1988〉에서 택
이 아버지(최무성 분)가 택이의 기사를 스크랩하는 장면에서 잠깐 전
민련의 출국 금지 기사가 스치듯 나오는데 강기훈 씨가 이 장면을
캡처해 페이스북에 포스팅 한 적이 있다. 강기훈 씨는 이 장면에
서 '이즈음, 사무실에 세 번의 테러가 있었다. 김도연 선배가 머리
얻어맞아 피 줄줄 흐르던 모습이 생생하다'라며 1989년 당시 그가
있던 전민련 사무실에 생긴 폭력 사건의 기억을 떠올렸다.
　　실제로 당시 5월 4일 10여 명이 회의 중이던 전민련 사무실에
20대 청년 20여 명이 쌍절곤 등을 들고 난입하여 셔터를 내리고
전화선을 끊은 뒤 사람들을 폭행하고 사무실 집기와 유리창을 부
수고 달아난 사건이 있었다. 부산 동의대에서 학생들과의 공방 끝

에 전경 7명이 목숨을 잃은 사건이 일어난 다음 날이었다.

유례없는 국가에 의한 지속적인 폭력과 그에 저항하는 또 다른 폭력이 얽혀 비극을 반복하던 시간은 계속되었고, 거듭되는 희생에 대한 책임을 떠맡는 사람은 없었다. 그저 과격한 특정 집단에 의한 우발적 문제로 치부하고 싶은 사람들과 이 모든 것이 허울뿐인 민주주의로 인한 필연적 결과임을 주장하고 싶은 사람들의 날선 대립만이 거듭될 뿐이었다.

시간이 지날수록 선명하게 드러나는 것은 모두가 우발적이라고 여기던 희생들이 지나치게 자주 발생했다는 것이다. '민족민주 열사 희생자 범국민추모제'에 등장하는 사형, 의문사, 열사 및 행방불명자 등을 포함한 재야 희생자의 명단을 보면, 4·19혁명과 광주 민중항쟁 희생자를 제외했을 때, 집계가 시작된 1959년부터 1987년까지의 희생자 수(100명)보다, 이한열의 죽음 이후 1987년에서 1991년까지 겨우 4년 사이에 생긴 희생자(113명)가 더 많다.

시위자는
끝까지 추적하여
검거한다

3당 합당 이후 서울시경찰청이 1990년 10월 17일에 발표한 '대범죄전쟁 선포에 따른 실천계획'에는 '국가 주요 시설과 경찰관서 기습은 과감한 무기 사용으로 완전히 제압하며 가두시위는 기존의 공격형 진압에서 한걸음 더 나아가 검거 위주의 포위작전을 펼치며 화염병을 투척한 자는 학교 내까지 들어가 최대한 검거하라'라는 내용이 포함되어 있었다.

다음 해 1991년 3월 19일 치안본부가 전국 경찰에 시행토록 지시한 '시위 진압술 및 장비 개선 방안'은 시위자에 대한 신체 가격 방식과 범위를 대폭 확대하고 적극적인 공격 동작을 추가하여, 진압봉을 아무런 제한 없이 위에서 아래로 신체 대부분의 부위에 무차별 가격할 수 있도록 한 신형 봉술을 도입한다.

이러한 방침이 시위에 나온 대학생들에게만 위협적이었을까? 이들을 막기 위해 차출된 젊은 전경들 또한 예외가 아니었다. 거리 시위를 전쟁으로 비유하며 시위대를 범죄자로, 20대의 대학생과 전경 들을 쇠파이프와 최루탄이 오가는 악몽 속으로 몰아간 것은 다름 아닌 국가였다. 국가가 조장한 악몽의 징후들은 그해 4·19 시위 때부터 현실로 드러나기 시작했다.

1991년 4월 19일 경남대생 정진태와 원광대생 유철근이 경찰이 쏜 직격 최루탄에 맞아 뇌수술을 받는 중상을 입었다. 다음 날에는 전남대생 최강일이 KP 최루탄에 맞아 왼쪽 눈을 실명하는 사고가 일어난다.

젊은이들이 자신들이 의도하지 않은 '예고된 참사'에 노출되어 있는 동안, 단 한 번의 흔들림도 없던 초강경 일변도의 국가폭력은 등록금 문제로 촉발된 시위에서 숨진 강경대와 안기부의 전국노동조합협의회(이하 전노협) 설립 방해 공작 와중에 의문사한 박창수 노조위원장 그리고 시위 도중 토끼몰이식 진압에 사망한 성균관대 김귀정에 이를 때까지 망설임조차 없었다. 지금 우리가 알고 있듯, 그것은 더 나은 사회를 꿈꾸며 겨우 손을 잡은 약자들의 연대를 찢어 놓는 데에 결국 성공한다.

02.
저항, 외면, 침묵

잇따른
저항

분개한 몇몇 젊은이들이 불의한 국가 권력에 자신의 목숨을 던지며 저항했다. 4월 29일엔 전남대 박승희가, 5월 1일엔 안동대 김영균이, 5월 3일엔 경원대 천세용이 자신의 몸에 불을 붙였다. 그들 모두 강경대의 희생이 있고서도 거리에서 진압봉을 휘두르는 사복 체포조와 맞닥뜨린 대학생이었다. 또한 90학번이던 이들은 1988년 전교조 출범과 함께 이어진 교사들의 사회적 죽음이라 할 수 있는 해직 파동을 목격했으며, 직·간접으로 고등학생 때 전교조 교사들의 복직 투쟁에 동참했다는 공통점이 있었다. 사흘 뒤, 5월 6일 한진중공업의 노동조합위원장이던 박창수가 안기부 직원과 함께 있다가 의문의 죽음을 당했다.

모두가 멈추길 원했지만, 공권력의 폭력과 시민들의 죽음은 서로 엉겨 붙은 채 떨어지지 않았다.

5월 10일, 또다시 분신의 소식이 들려왔다. 노동자 윤용하였다. 그의 고향인 대전부터 박승희가 입원해 있던 광주의 병원에 꽃을 들고 간 것으로 추정되었던 22살의 신문 배달원이었다. 강경대 군의 영결식이 열리던 5월 18일에는 독실한 카톨릭 신자이자 중국집 요리사였던 이정순이 연세대 앞 철교 위에서 분신한 뒤 몸을 던졌고, 같은 날 전남 보성고등학교 운동장에서 분신한 김철수는 십 대의 나이를 채 벗지 않은 고등학생이었다.

그리고 나흘이 지나 박승희와 김철수의 입원실을 드나들며 두 번씩 울고 갔다던 27살의 노동자 정상순이 전남대병원 영안실 위에서 몸에 불을 붙였다.

사망 당시 학생이었거나 큰 노조에 소속되어 있던 경우와 달리, 노조의 도움을 받기 힘든 작은 사업장의 노동자들(윤용하·이정순·정상순)의 희생은 알 수 없는 이들의 돌연한 죽음처럼 여겨졌다. 그리고 학생들의 죽음과 노동자들의 죽음이 서로 제각각 다른 세계의 일들인 것처럼 갈라쳐졌다.

금지당한
애도

"죽음의 굿판을 걷어치우라", "죽음을 선동하고 이용하려는 어둠의 세력이 있다". 젊은이들의 신망을 받던 시인과 대학 총장이 앞장서서 그들의 죽음을 폄훼했다. 그들의 저항을 시체 선호증으로, 누군가의 지시를 받은 것으로 말했다. 언론의 펜촉은 죽은 이들이 남긴 목소리보다 그들의 말들을 더 굵게 옮겨 적었다.

1991년 '노태우 퇴학'을 외치던 고등학생운동을 다룬 소설을 쓴 하명희 작가는 그의 작품에서 《조선일보》의 「죽음의 굿판을 걷어치우라」는 사설을 대하는 고등학생의 당혹스러운 마음을 이렇게 써 내려갔다.

'조촐한 자세'로 돌아올 줄로 믿었다니. 이어지는 문장들은 생명을 지켜야 한다는 호소가 아니라 죽은 자들을 나무라는 호통이었고 '너희들이 아무리 더 덤벼 봐라, 사회가 바뀌나?'라고 조롱하는 변절의 언어였다. (중략) "왜 덤비는가?" 복잡하던 머릿속이 이 한 문장으로 정리되었다. (중략) 자신의 생명사상만 있고, 그 안에 사람은 없구나. 안타까움이 없구나.

_ 하명희, 『나무에게서 온 편지』 중에서

　재야 운동권은 이에 대해 노제라고 하는 대중을 동원한 공개적 의례를 통해, 부당한 죽음을 알리고, 폄훼된 그들의 희생을 복원하고자 했다. 곳곳에서 물리적 충돌이 이어졌다. 서울과 광주에서 노제를 통해 공적 애도를 허용해 달라는 강경대 장례위원회의 요구는 전경을 동원한 공권력에 의해 번번이 거부당했다.

배후 세력을
만드는
배후 세력들

일주일도 안 되는 시간에 대학생 세 사람의 분신과 노동조합 간부의 의문사까지 이어지자 권력과 언론은 모든 혼란의 책임을 죽은 사람들에게 전가하는 데 몰두했다. 노태우 정권은 '관계기관 대책회의'라는 것을 소집한다. 의례적으로 방송사 카메라까지 앞에 두고 검찰 총장의 육성까지 동원해 뉴스 화면에 전달한 메시지는 '죽은 사람들의 배후를 색출하라'는 것이었다.

불리한 전세에 놓인 군대가 우물에 독을 타는 것은 역사적으로 오래된 전술이다. '죽음을 조장하는 배후 세력이 있다', '제비뽑기를 해서 죽을 순서를 정한다'. 민주화 운동 세력의 도덕성에 흠집을 낼 수 있는 것이라면 사실의 진위를 따질 일 없이 권력자들의 입에 오르내렸고, 언론은 그것을 그대로 써서 옮겨 냈을 뿐만 아니라, 증폭시켰다. 《조선일보》의 김지하의 사설 게재는 그 모든 것의 시작이었을 뿐이다.

5월 8일 아침 서강대 옥상에서 전민련의 젊은 간부 김기설이 유서 2장을 벗어 둔 재킷에 남기고 분신 후 투신하는 사건이 일어났다. 등교 시간보다 이른 시간에 인적이 드문 상황에서 일어난 김기설의 분신은 서강대 총학생회 간부들과 학교 차량을 몰던 운전사에게 목격되었다. 당시 석간신문이던 《동아일보》는 학생의 증언을 인용해 "어떤 사람이 갑자기 옥상 위에서 혼자 팔을 치켜들고 구호를 외친 뒤 갖고 있던 라이터로 온몸에 불을 붙이고 곧바로 뛰어내렸다"는 기사를 송출했다.

대검찰청의 관계자는 5월 8일 당일 기자들과 만나 김기설의 분신이 조직적이고 계획적일 수 있다는 의혹을 마구 뿌려 댔다. "시위 효과를 극대화하기 위해 운동권에서 내부적으로 정해진 순서에 따라 자살을 기도한다는 소문이 있다"는 발언이 《한겨레신문》 5월 9일자 지면에 보도되었다.

같은 날 《조선일보》는 "강경대 군 치사 사건 이후 일어난 4건의 연쇄 분신 사건이 방법이 유사하고 호남-영남-경기-서울 분포를 이루고 있다"는 분석과 함께 "검찰이 분신 사건에 적극적으로 수사에 착수한 것은 이들 분신 사건이 우발적이라기보다 계획적일 가능성이 있다는 판단에 따른 것"이라는 내용의 기사를 실었다. 덧붙여 "검찰이 분신 사건의 계획성에 수사의 초점을 맞출 경우 운동권을 고립시키기 위한 전략이 아닌가 하는 비판을 자초할 소지도 크다"고 덧붙이며 검찰의 의도에 훈수를 두는 것도 잊지 않았다.

이는 사건 당일 사건을 수습하는 입장에 있었던 서강대 총장 박홍 신부의 돌발적 발언과 일맥상통한 것이었다. 박홍 신부는 "우리 사회에 죽음을 선동·이용하는 반생명적 세력이 분명히 있다"며 "이 세력의 정체를 폭로해야 한다"고 주장했다. 그 주장의 근거는 무엇이었을까? 박홍 신부와 검찰은 사실과는 거리가 먼 예단의 근거를 서로에게 미루고 있었다. 배후 세력에 대한 증거는 박홍 총장과 검찰 어느 누구도 제출하지 않았지만 언론은 그들의 말을 자신들의 지면에 그대로 옮겨 썼다.

사건 다음 날인 5월 9일 아침 《조선일보》는 "분신현장 2~3명 있었다 : 목격 교수 진술, 검찰 자살 방조 여부 조사"라는 제목의 기사를 싣는다. 이 기사는 같은 날 《동아일보》의 "옥상엔 혼자 있었다 : 서강대 운전사 경찰에 밝혀, 목격 교수들 '2~3명 있었다고 말한 적 없다'"라는 기사로 반박된다. 《조선일보》는 바로 다음 날인 10일자에서 실명으로 나선 목격 당사자 윤여덕 교수가 "본관 옥상에서 흰 점퍼 차림의 누군가를 봤는데 정황상 사건 직후 옥상에 올라가 상황을 살펴본 서강대생들이었다"라고 증언한 내용을 기사에 실음으로써 명백한 오보에 대한 책임을 면피했다.

《중앙일보》는 역시 5월 9일자 보도에서 김기설의 투신 후에 서강대 학생들이 옥상에 올라간 상황을 외부의 누군가가 그의 죽음을 유도한 상황으로 암시했다. "분신 직후 다른 사람이 즉시 유서를 공개했다", "본관 5층 옥상으로 통하는 출입문이 전날 저녁부터 잠겨 있었음에도 외부인인 김씨가 올라갈 수 있었다"는 것이었는데, 사후 조사에서 서강대 본관의 옥상 출입문은 항상 열려 있던 것으로 판명되었다.

《조선일보》는 사설에서 박홍 총장의 배후 세력 운운하는 발언을 "교육자다운 용기 있는 발언"으로 추켜세웠으며 《중앙일보》는 "검찰은 사회민주화에 깊은 이해와 관심을 가지고 있는 진보적 지식인 박 총장이 자칫 재야 운동권에 타격을 줄 수 있는 민감한 발언을 한 데 대해 주목하고 있다"는 식으로 보도했다.

이런 분위기 속에서 누군가가 김기설의 유서를 대신 써 주었으며, 이러한 패륜적인 자살의 배후 세력을 색출하고 단죄해야 한다는 검찰과 언론의 기조가 매일 아침 신문의 지면을 장식했다. 정구영 당시 검찰 총장은 전재기 서울지검장을 비롯해 공안부가 아닌 강력부 강신욱 부장검사 등으로 전담 조사반을 편성하여 김기설의 분신 사건을 조사하도록 지시했다.

전민련을 포함한 범국민대책위가 대응할 수 있는 일은 '살아서' 노태우 정권 투쟁에 나설 것을 눈물로 호소하는 것이었다. 강경대의 노제, 백골단 해체의 날, 노태우 정권 퇴진 범국민대회 등의 대규모 집회를 주도해 나갔지만, 5월 10일 또다시 분신이 이어졌다.

대전의 노동자 윤용하가 전남대 박승희가 입원해 있는 전남대 병원을 찾았고 그곳에서 "누가 분신을 배후 조정한단 말인가, 노태우는 퇴진하라"는 유서를 남기고 자신의 몸에 불을 붙였다.

유서대필이라는 허황된 시나리오는 현실이 되어 가고 있었고, 모든 죽음의 책임은 김기설과 같은 단체에서 일했으며, 그에게 여자 친구까지 소개시켜 주었던 '강기훈'이라는 한 개인에게 전가되고 있었다.

잊거나
잊지 않거나

1991년 5월의 의미를 지속적으로 탐색해 온 김정한은 희생자를 기리는 노제를 지내고 묘역으로 향하는 '장례 투쟁은 공개적인 의례가 가능해지는 1987년부터 진행되었고, 1991년 5월 투쟁 이후 문민정부와 국민의 정부를 거치며 사라졌다'고 지적한다.

다수의 사람들이 폭력에 저항하기 위한 재야 운동권의 폭력과 죽음에 동의하지 않았다. 더 나은 삶을 살자고 죽음이라는 극단적 저항을 택하는 그들을 이해할 수 없었고, 당혹스러움을 넘어 공포를 느꼈다. 그러한 가운데 죽은 이들을 열사로 호명하며 애도하는 것은, 그들을 영웅화하려는 시도로 비치며 거부감을 주었다. 대부분의 사람들은 거듭되는 죽음에 대해 외면과 침묵으로 답했다.

정원식 총리서리가 한국외대에서 계란 세례를 맞은 지 2주 뒤 전국적으로 한국 최초의 광역의회 선거가 치러졌다. 선거 결과는 866석 가운데 564석을 휩쓸어 간 여당 민자당의 압승이었다. 죽음의 책임을 묻고자 거리에 나왔던 사람들도 스스로가 서 있는 자리를 의심했다. 이제 가능한 선택이란 그날의 일들을 잊거나 혹은 잊지 않는 것이었다.

"우리들 자신의 세계를 건설하기 위하여 그들을 우리가 살해했다"는 오든의 말을 기억한다. 값없이 흘린 피란 없다. 내가 역사에서 배운 것은 그런 것이다. 그래서 이 냉혹한 세계의 무력한 일상 한 가운데에서도 아주 잊지 말아야 할 것, 아주 잊을 수 없는 것이 존재하는 것이다. 의식적으로 때로, 무의식적으로나마.

_ 김별아, 『개인적 체험』 중에서

대리언 리더는 『우리는 왜 우울할까』라는 책에서 애도 작업이 상실한 대상과 분리되는 것이라면, 멜랑콜리(우울)는 오히려 상실한 대상과 동일시하면서 그 속에 함몰되는 것이라고 썼다. 우울이라는 뜻의 멜랑콜리(melancholy)를 어원적으로 분석해 보면 검은(melas) 쓸개즙(chole)을 뜻한다. 김정한은 80, 90년대의 재야 운동권을 '애도에 실패한 멜랑콜리(우울) 주체'라고 이름 짓는다. 그는 멜랑콜리 주체들에게는 당시 죽은 자를 대하는 관점과 태도에 어떤 곤경이

내재되어 있다고 지적한다.

> 사회적 애도를 실행하지 못한 상황에서 죽은 자들을 떠나보낼 수 없었고, 그런 만큼 '살아남은 자의 슬픔'을 간직한 채 강력하게 저항할 수 있는 주체가 되고자 했지만, 현실적으로는 살아 있으면서 이상적인 열사의 상을 체현하는 것 또한 불가능한 일이었다. (중략) 이 때문에 멜랑콜리 주체는 "죽은 자의 세계와 산 자의 세계라는 두 세계"에 끼어 있을 수밖에 없고, 이 분열된 존재는 일상생활을 진리와 정의가 함께하는 죽은 자들의 세계와 달리 "텅빈 껍데기, 그저 환영에 불과한 가짜, 실체가 없는 그림자"로 감각한다.
>
> _ 김정한, 「1980년대 운동사회의 감성 – 애도의 정치와 멜랑콜리 주체」, 『한국학연구』 제33집, 2014

김기설 씨는 자신의 유서를 가지고 대필 논란이 벌어질 것이라고 상상이라도 할 수 있었을까? 그는 분신 직전까지 학원 민주화 도중 발생한 속초 동우전문대 정연석 분신 사건, 원진레이온 김봉환 직업병 사망 사건 등을 조사한 업무 기록을 남겼다. 물론 그의 유서에 썼던 것과 같은 글씨였다. 불의한 사회가 초래한 죽음에 더해 최소한의 애도조차 막혀야 했던 현실에 그는 누구보다 좌절감이 컸을 것이다. 그 와중에 이어진 1991년의 잇따른 죽음들에 대해 그가 가졌을 마음의 풍경은 어떤 것이었을까?

누구도 지우지 않은 사회적 책임을 짊어지며, 아무도 요구한 적 없는 고독한 결심을 내린 이름 없는 이들. 그저 자신의 몸을 던짐으로써 진실을 밝히고 정의를 구하겠다던 그들의 마음길은 그해 거리에 남아 있던 사람들과 얼마나 달랐을까?

1970년 전태일의 죽음이 그러하고, 1980년대 광주 시민들의 죽음이 그러했듯이 재야 운동에 참여했던 사람들의 출발은 장황한 이념이나 구호가 아니라 그들의 이름 없는 죽음이 가지는 희생과 헌신이 가리켰던 불의한 현실과 온당한 가치에 대한 공감이었을 것이다.

1991년을 거치며 퇴색된 그 죽음들의 의미는 많은 이에게 트라우마로 남았다. 그리고 약자들의 죽음이 여전히 존중받지 못하는 지금의 현실은 그 기억의 상처들을 다시 불러낸다.

03.
돌아오지 못한
젊은 이름들

1991년 4월 29일,
박승희

    1,500명 학생이 여름방학 내내 학교에서 농성을 했고, 고3 학생들이 시험 답안지를 백지로 제출하면서까지 2학기 내내 수업 거부를 해 왔다. 하지만 아무리 고3 10개 반의 담임 선생님 중 절반이 해고를 당했다 해도, 대학학력고사를 앞둔 열여덟의 소녀들이 더 이상 할 수 있는 것은 없었다.

    모두가 울면서 수업 복귀를 했을 때, 홀로 남아 농성을 지속했던 학급의 부실장이 있었다. 그녀의 이름은 박승희였다.

    전남대에 그녀가 합격했을 때, 부모님의 기쁨은 그래서 더 컸는지 모른다. 딸은 광주로 유학을 떠나지만 언제든 돌아와 뜻대로 쓸 수 있게 '뭔 놈의 책들'이 책장 가득한 그녀의 방을 그대로 두었다.

    그녀의 대학 입학식을 얼마 남겨 두지 않고, 노태우와 김종필과 김영삼이 당을 합친다는 뉴스가 대문짝만하게 났다.

열아홉이 된 박승희는 전남대 교지 《용봉》의 학생 기자로 활동했다. 늦게까지 남아 교지를 편집하던 학생 기자들은 속이 출출했지만 마땅히 먹을 것이 없었다. 누군가 불 꺼진 구내 학생식당을 뒤져 남은 밥을 가져왔다. 양푼에 야채와 고추장을 넣고 맛나게 비벼 먹고 있는데, 유독 한 술도 안 뜨는 사람이 있었다.

"그건 훔쳐 먹는 거랑 매한가지야."

양푼 비빔밥을 먹던 사람들은 그렇게 말하는 승희를 보지도 않고 유난을 떤다고 놀렸다.

"너는 먹지 마라, 이 가스내야."

박승희가 스무 생일을 갓 넘긴, 1991년 4월 26일, 서울에 있는 한 대학 신입생이 백주대낮에 전경의 쇠파이프에 맞아 죽었다. 다음 날 광주의 전남대생들도 항의 시위를 펼쳤다. 시위 도중 전남대의 한 선배가 전경의 직격탄에 맞아 한쪽 눈을 실명하는 일이 박승희의 눈앞에서 벌어졌다.

친구에게 그녀는 중얼거리듯 말했다.

"왜 사람들은 죽은 사람보다 죽인 사람들의 편을 들까?"

4월 28일 박승희는 빨래를 하던 자취방 선배에게 불쑥 목포의 집으로 간다며 자기가 되돌아올 때 갖고 싶은 게 뭐냐고 물었다. 선배는 김치통 가득 열무김치를 담아 오라고 말하고 골목을 빠져 나가는 그녀의 뒷모습을 보며 웃었다.

1991년 4월 29일, 전남대 5·18광장에서는 '강경대학형 살인만행 규탄 및 노태우정권 퇴진을 위한 2만 학우 결의대회'가 열리고 있었다. 박승희는 집회가 열리는 학교 한 구석에서 "학우들을 도와주겠다"며 빼돌렸던 통에 있던 시너를 자신의 몸에 들이붓고, 불을 붙였다.

전남대 학생들이 집회를 하고 있던 현장까지는 계단을 내려가 100여 미터 이상을 달려 잔디광장으로 올라가는 둔덕을 넘어야만 했다. 온몸에 불이 휘감긴 채 달려왔던 그녀는 집회 현장까지 차마 닿지 못한 채 둔덕에 걸려 넘어진 채로 외쳤다.

"2만 학우 단결투쟁 노태우 정권 박살내자."

그녀가 분신했다는 소식을 듣고, 자취방 선배가 전남대 병원 응급실로 달려왔다. 얼마나 정신이 없었는지, 회수권으로 택시비를 냈다. 택시 기사 아저씨는 "어여 가보라"며 회수권을 받지도 않았다.

선배 최은희는 연로한 박승희의 부모님이 까맣게 타 버린 딸을 보는 것도 모자라 간호를 하게 둘 수 없었다. 그녀가 간호를 하겠다고 자처를 했다. 그렇게 스무 날이 넘도록 승희의 곁을 지켰다.

새벽이면
시계가 다섯 시를 넘기기 기다려
나는 너에게 아침 이름 하나씩을 지어 주었다

아침은 언제나 새로운 시작

하루를 넘기고 하루치 목숨을 다시 받는 시간

한 꺼풀 한 꺼풀 새벽이 벗겨 내는 어둠을 쫓으며

다시 살아나는 지상의 사람과 풍경

아름다운 의미 하나씩 새겨

너에게 들려주었다

아카시아 향내가 창문까지 나풀거리는 아침

그 아침의 이름은 아카시아

비둘기가 어두운 병원 하늘을 일제히 깨우는

평화의 종소리가 들리던 아침

그 아침의 이름은 희망이었다

경대가 상여에 태워지던 날의 아침은

동지의 아침

네가 딸기 으깬 것을 받아먹던

그 아침은 소양강이었지 소양강 처녀를

잘 부르던 열여덟 딸기 같은 어린 내 순정아

안개가 낀 어느 아침은 시인의 아침이었고

어제 5·18의 아침은 임을 위한 행진곡

이제 오늘 아침

시간도 모르고 눈도 못 뜨는 너의 이마 곁에서

나 혼자 가만히 마지막 아침임을 예감한다

네가 뛰던 맥박으로 나도 뛰었고

네가 울던 눈물로 나도 울었다

그러나 이제 안녕

새벽 다섯 시

까맣게 타 버린 딱딱한 네 입술에

내 입술을 맞추어 나는 작별을 한다

울지 않으리라

지금 소리 없이

모두가 잠든 새벽 이렇게 작별하리라

어머니 아버지는 새벽 미사에 가고

간호원 의사도 없는 시간 딱딱한

네 입술을 내 혀로 문지를 때에

입에서 흐르는 진물도

내겐 따뜻하고 아름다워라

마지막 아침 나의 어린 누이여

_최은희, 「마지막 아침」

박승희가 숨을 거두던 5월 19일, 그녀가 누워 있던 전남대 병원의 같은 병실에는 자신의 몸을 태운 두 사람의 침대가 더 놓여 있었다. 한 사람은 보성의 고등학생이라 했고, 한 사람은 대전에서 박승희를 보기 위해 내려온 노동자라 했다.

박승희의 장례식이 있던 날은 5월 25일. 서울에서 또 한 여학생이 시위 도중 숨졌다는 뉴스가 퍼지고 있었다.

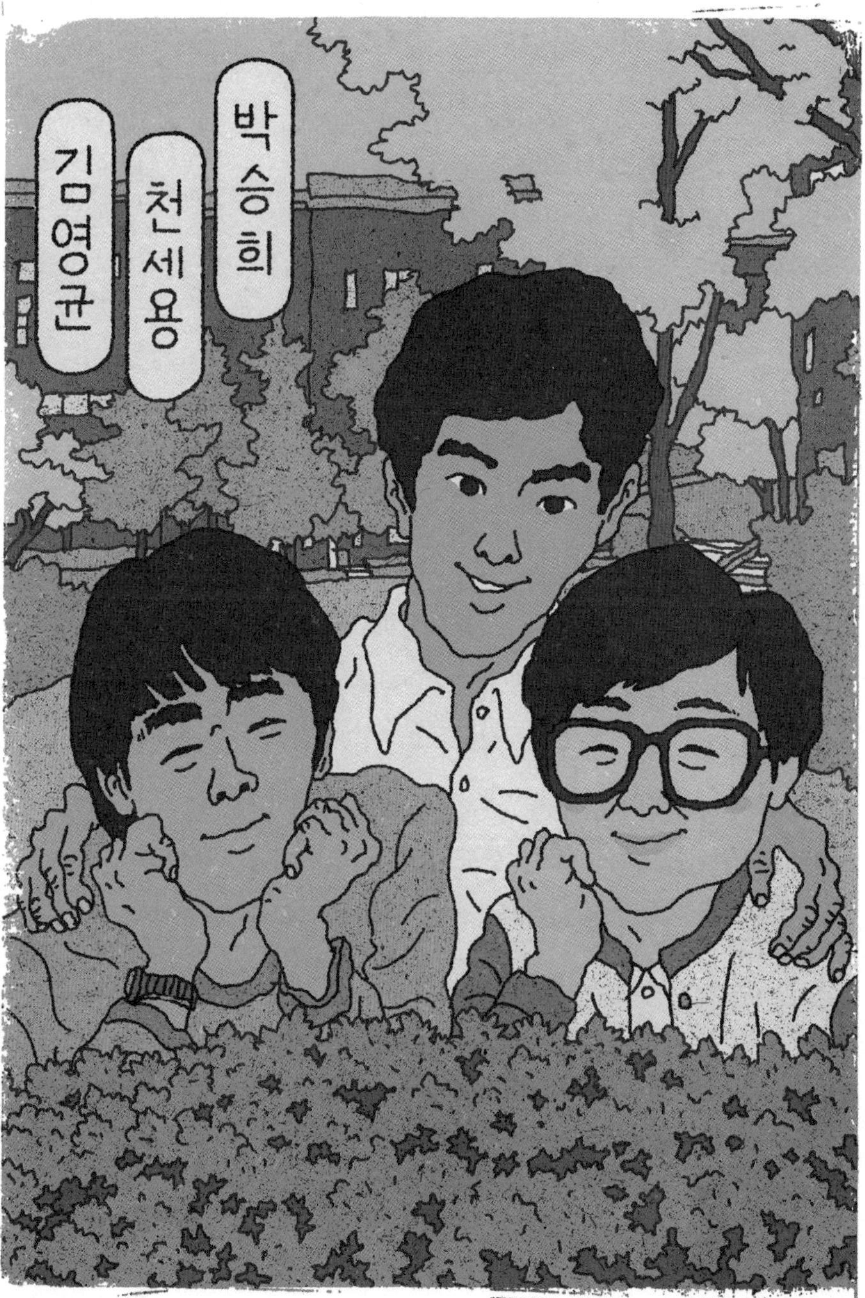
박승희
천세용
김영균

1991년 5월 1일,
김영균

대학 1학년 김영균은 겨울방학 동안 중곡동 집에서 가까운 옷을 만드는 작은 공장에서 일했다. 또래들부터 아주머니들까지 함께 일하던 곳. 그 일들은 위장취업이라기보다 아르바이트의 개념이었지만, 학생 티를 안 내려고 야근이며 힘든 일을 도맡아 했다고 한다.

그러면서도 매일 반복되던 고된 노동을 힘들어했는데, 개학이 가까워 일을 그만두고 친구들과 가진 술자리에서 울먹이며 이렇게 말했다고 한다.

"나는 이제 도망갈 데가 있는데, 그 사람들은 도망갈 데도 없어."

한 살 터울의 형과 함께 단란한 가정에서 자랐던 사랑 많은 소년, 문학서클 '텃밭'의 감수성 많은 중학생으로 자랐던 그는 대학 신입생 환영회 자리에서 한 손은 허리에 짚고, 한 손은 치켜들며 무려 '파업가'를 불렀다는 별난 학생이었다. 무엇이 그렇게 남다른 신입생을 있게 했을까.

고3이던 1989년 봄, 한양대에서 있었던 4·19집회에 참여했던 그는 그 현장에서 우연히 마주친 친구가 교육민주를 염원하는 학생 소모임 '목마름'을 만들었다는 사실을 알고는 뒤늦게 합류했다. 다니던 대원고등학교의 유일한 전교조 가입 교사인 나승인 선생님이 해고되자 출근 투쟁을 벌이는 선생님과 함께 학교 행정직원들과 몸싸움도 했고, 주택가에 1만여 장 이상의 유인물을 돌리며, 중곡동 골목의 벽에 항의 낙서를 남기기도 했다.

안동대 민속학과에 입학한 그는 20일 만에 행동하는 지성을 목표로 '민속문화연구회'를 결성했고, 그곳에서 그는 마당극 공연과 학습, 탈춤과 풍물 전수에 교수들까지 참여하는 공개토론회까지 쉬지 않고 활동을 이어 나갔다.

별명이 '졸린 눈'이었던 청년. 팔과 다리가 맞지 않는 탈춤을 추고, 마당극 공연 도중인데도 잠에 빠져 제때 일어나지도 못했던 어리바리한 신입생으로, 입시 교육에서 벗어나 하고 싶던 모든 것을 마음껏 누리는 열정 가득한 학생으로 대학 생활을 누리고 있었다.

1990년 11월, 그는 '목마름'의 친구 형이자 그의 멘토였던 한양대 최응현이 공과대학 건물 옥상에서 민주화 투쟁에 제대로 기여하지 못함을 자책하는 유서를 남기고 투신했다는 소식과 마주하게 된다. 그 후 사흘 간 김영균은 남양주의 모란공원에 묻힌 그의 묘지 곁에 머물다 가기를 반복했다.

그리고 1991년 5월 1일.

안동대 학생회관 앞에서 200여 명이 '고 강경대 열사 추모 및 공안통치 분쇄를 위한 범안동대인 결의대회'를 열고 있었다. 식전 행사가 끝나고 사회자가 소개되던 순간 사범대 뒤쪽에서 몸에 불을 붙인 사람이 구호를 외치며 뛰어왔다. 평소처럼 아침을 같이 먹고, 집회 홍보 유인물도 나눠 주고, 방금 전까지 북을 치며 길놀이도 함께 했던 김영균이었다.

어른들은 무엇을 했길래 고3 학생이 사립 학원 재단의 불법 강사 고용 문제를 지적하는 유인물을 써야만 했을까. 도대체 그는 무슨 마음이었길래 도망갈 데가 없을 때까지 스스로를 몰아넣는 최후의 선택을 했을까.

그는 경북대 병원으로 옮겨졌으나 하루 밤을 넘기고 숨을 거뒀다. 그의 시신을 거두지 못했던 학생들은 학교 뒷산에 가묘를 만들어 그의 소지품과 그가 애정했던 시집 『타는 목마름으로』를 함께 넣어 주었다.

며칠 뒤《조선일보》는 '죽음의 굿판을 걷어치우라'는 김지하의 기고문을 실었다. 「타는 목마름으로」의 바로 그 시인이었다. 김영균의 선배 김구일은 분신의 배후가 아니냐며 안동에서 대구 안기부로 끌려가 한 달 넘도록 추궁받았다.

십수 년이 흐른 뒤 김구일은 그를 추모하는 선후배 동기들과 함께 김영균의 이름을 딴 농장을 만들었고, 매년 그 농장에서 나온 수확물을 장기수 할아버지들과 위안부 할머니들께 보내어 왔다.

당시 학생이던 이들은 이제 부모가 되어 각자의 아이를 데리고 총회로 농활로, 매년 두어 차례 이상 추모사업회의 이름으로 모인다. 목마름의 친구들, 안동대 민속학과의 은사님까지 함께 모여 김영균의 이름으로 만들어진 일들을 함께 하고 있다.

1991년 5월 3일,
천세용

왜 학생들이 자꾸 분신을 하는 것
이냐는 후배의 질문에도 대답은커녕 엎드려 자 버리던 사람. 천세
용은 만평 만화를 그리는 컷 기자였다.

짙은 피부에 미소년의 얼굴을 가진 그는 말하기보다는 다른 이
의 말을 듣길 좋아하는 과묵한 매력이 넘치는 사람이었다. 그가 무
엇을 느끼고 생각하는지에 대한 것들은 경원대 동아리 'Sturum',
'한얼', '열린마당', 전산과 날적이에 글과 그림으로 남아 있곤 했다.

세상은 아기자기하고 재밌기만 한 것은 아니었다.
난 이뻐지고 싶었는데…
더 이상 거리의 스테레오 사운드는 내 귀를 현혹하지 못하고

극장의 그림 간판은 내 눈길을 끌지 못했다.

…

세상은 희망에 찬 가능성으로 빛난다는

낙관론자들의 웃는 삶.

난 이뻐지고 싶었지.

그러나 단념했어.

_ 천세용의 메모

이뻐지고 싶었던 그가 마주한 대학 생활은 당시 인기리에 방영되었던 드라마 〈우리들의 천국〉이나 〈사랑이 꽃피는 나무〉처럼 사랑이 꽃피는 천국의 캠퍼스 생활이 아니었다.

민주화의 세상이라는데 대학 주변에는 꽃 냄새보다 최루탄 냄새가 가득했고, 대학 과방과 동아리실에는 너희들이 진정한 독재와 피맺힌 역사를 아느냐며 의무감과 죄책감을 잔뜩 얹어 놓던 선배들이 바글거렸다. 어느 동아리에 가면 미국의 제국주의가 문제라 했고 어느 학생회실에 가면 독점 자본이 문제라 했다.

성호시장에서 깡패들이 노점상 철거를 막 하는데

NL이 어떻고 PD가 어떻고 골머리 싸매고 있을 수는 없다.

맑스 원전을 놓고 혁명하지 못한다…

어떤 확실한 이론이 어딘가에 있는 양,

어떤 완벽한 조직이 어딘가에 있는 양,

그것을 찾고자 고심하고

또 그렇게 못했을 때 회의하고 가슴 아파하는 것에

청년학도의 조급성이 있다.

_ 천세용의 메모

성남의 모란시장과 성호시장을 이웃한 경원대(현 가천대)는 낮일을 마친 노동자들이 함께 수업을 받는 학교이기도 했다. 그 또한 건설노동자로 세차장 아르바이트로 등록금과 생활비를 벌어 가며 야간 강좌를 수강하는 학생이었다.

그는 고민만 하고 있기보다 책의 내용을 그대로 노트에 베끼고 있는 사람이고 싶어 했고, 말보다 행동을 하는 사람이고 싶어 했다. 그는 모두를 내치기보다 모두를 품으며 사는 것을 선택했다.

나는 솔직히 전소에서 뛰고 싶지 않다.

난 백골단 아저씨들이 무섭다.

사복 경찰의 청자켓이 두렵다.

영복이 형의 자신만만한 태도가 싫다…

진정한 사랑이라는 것,

내게는 감당조차 할 수 없을 만큼 무겁기 때문이다.

_ 천세용의 메모

천세용의 필명은 '둔'이었다. 농촌 활동을 하다가 뭘 하든 굼뜨고 둔하다고 놀림받아 얻은 별명을 자신의 그림 끝에 써 두곤 했다. '전소'란 시위대의 최선두에서 시위 본대를 보호하는 역할을 이르는 말인데, 그는 총학생회의 전소 조직인 '횃불대'에 들어갔다. 남모르게 가져온 두려움을 이겨 냈다고 생각해서였을까. 그는 횃불대의 단체 티셔츠를 받게 됐을 때, 많이 기뻐했다고 전한다.

내가 외쳐 왔던 구호들…
그것은 내 자신을 향한 것이었다.
내가 던져 왔던 병들,
그것은 나 자신을 태우고자 했던 비판의 화염이었다.
_ 천세용의 메모

며칠 새 전남대의 박승희와 안동대의 김영균이 자신의 몸에 불을 놓아 버렸던 시간 한복판에서 그는 무슨 생각을 했을까. 목포 정명여고를 다녔던 박승희처럼, 서울 대원고를 졸업한 김영균처럼, 서울 동북고등학교를 나온 그 또한 교실에서 얼굴을 마주했던 11명의 선생님이 교문 밖으로 쫓겨나는 모습을 잊지 않았던 학생이었다. 아무리 절박하게 싸워도 바뀌는 것이 없어 보였던 시절. 그는 무심하게 대학 축제를 준비하는 학생들을 보며 느꼈던 절망과 무력감을 자신을 향해 쏟아부어 버렸다.

힘을 내자! 열사들의 죽음 앞에서 나는 약해질 수 없다.

_5월 3일, 천세용의 마지막 메모

그 마지막 메모를 남기고 그는 학내 집회 도중 지금은 사라진 희망관 건물 국기게양대 위에 올라 불을 붙인 뒤 투신했고, 그날 밤 그의 외할머니와 친동생이 지켜보는 가운데 숨을 거뒀다.

그가 다녔던 학교의 이름도 바뀌고, 그가 뛰어내린 희망관 건물도 사라진 지금. 그를 추모하는 비석은 같은 경원대생으로 1985년 광주를 알리며 분신했던 송광영의 비석과 나란히 교정 한편에 있다. 송광영은 청계시장의 노동자 출신으로 전두환 정권이 시위 학생을 따로 격리하겠다며 추진한 학원 안정법 입법 시도에 맞서 분신한 광주 출신의 법학도였다. 송광영의 죽음은 주요 언론들에 의해 다뤄지지 않았고, 유가족과 일부 민주화 인사 그리고 경원대생만이 기억하는 일이다.

1985년 송광영 이후 1991년 천세용, 1995년 장현구, 1996년 진철원까지, 1994년 이상희를 포함한다면 경원대에서만 10여 년 사이 5명의 비극적인 죽음이 연속적으로 일어났다는 사실도 많은 이들은 기억하지 못한다.

곧고 단정한 펜의 윤곽선, 익살맞게 과장된 캐리커처에서도 느껴지는 균형감. 그가 남겨 놓은 그림을 볼 때마다 그 옛날 《보물섬》이나 《소년중앙》에서 보아 온 김형배와 허영만의 그림체를 섞어 놓은 것 같다고 생각했다.

　세상의 모순들을 다 자기 것인 양 짊어지고 있었던 스무 살의 젊은이. 사람들이 무심코 해 대던 말들을 무엇 하나 버리지 않고 자기 안으로 쌓아 뒀던 세심한 카투니스트. 그가 남기고 간 독재 타도의 구호를 외치고 있는 지금의 사람들을 보았다면, 말 대신 어떤 그림으로 슥슥 그려 냈을지, 궁금해진다.

1991년 5월 8일,
김기설

어디쯤 왔을까.

차창이 엉겨붙은 성에를 손으로 훑어낸 뒤

밖을 내다보면 조금 지나 도로 뿌옇게

화선지 붙인 듯이 흐려지고

현실이 이렇게 냉혹한 것인지

내 자신이 이토록 무능한 것인지

이전의 여러 상념이 화선지 위에 환히 왔다가 사라진다.

진정한 삶이 사라지고

기회주의와 패배주의만 득실대는 이곳에서

나는 자유스러운 존재로 투쟁하리라.

봄바람 꽃송이는 매서운 눈바람이 되어

내 가슴속에 흩날릴 것이다.

속초 동우전문대 학생회장의 의문사와 이를 밝히기 위해 연쇄 분신까지 시도했던 학생들을 만나고 간 유일한 사람, 이황화탄소 중독으로 수십 명이 죽고도 산업재해 판정을 받지 못해 스스로 목숨을 끊은 원진레이온 노동자의 장례식장에서 꺽꺽 울었던 사람, 전민련 사회부장 김기설이 남긴 메모다.

그가 알리려고 그렇게 애썼던 원진레이온 노동자들이 녹색병원이라는 산업재해 전문병원을 세웠고, 그가 뼛속 깊이 절망했던 동우전문대의 학생들은 한 사람은 속초의 사업가로 또 한 사람은 의문사를 규명하는 조사관이 되어 있다고 전할 수만 있다면 메모광이었던 그는 또 어떤 글을 남겼을까.

학생들과 노동자가 하루가 멀다 하고 죽어 나가던 열흘 동안 허울만 좋을 뿐 아무것도 할 수 없다고 느꼈던 재야 단체의 젊은 간부는 그의 결정을 직감하고 쫓아다니던 동료들을 따돌리면서까지 자신이 던질 수 있는 모든 것을 서강대 옥상에서 던지고 말았다.

그는 분신하기 전날, 원진레이온 노동자들을 방문했다. 그리고 한 동료에게는 오랫동안 수배 중이던 한상렬 목사의 와이셔츠와 속옷을 마련해 달라 부탁을 남겼다. 자신이 죽을 수 있다면 학생들의 죽음을 막을 수 있을 것이라는 말을 했다가 동료들에게 호된 질책을 받았다고도 했다. 하지만 끝내 그는 사랑했지만 아무 것도 해 줄 수 없어 미안하다는 말을 여자 친구에게 전화통화로 남기는 것을 마지막으로 자신이 결심한 길을 갔다. 그때가 1991년 5월 8일 아침이었다.

1991년 5월 9일,
박창수

죽기 직전까지 걱정했던 아내와 6살의 아들을 둔 노동자 가장의 이야기다. 이 잘생기고 사람 좋은 배관공은 양아버지를 친아버지처럼 극진히 모셨을 뿐만 아니라 이복동생들이 모두 배관공 자격증을 따자 "큰형이 퇴직하면 돈 모아서 형제들끼리 설비사를 차리자"는 꿈을 꾸던 사랑스러운 가장이었다.

그가 일하던 곳은 부산 영도 조선소의 탱크 안이었다. 여름에는 55도에 육박하고, 겨울에는 영하 10도에 이르는 철판 위에서 동료 노동자들이 감전사로 추락사로 죽어 가는데도 살얼음이 덮인 도시락으로 끼니를 때우는 날들이 지속되고 있었다.

박창수가 처음으로 노동쟁의에 참여한 것이 '도시락 거부 투쟁'

파업이었다. 어용노조를 지우고, 민주노조를 세우려는 싸움이 계속되는 과정에서 훈련원 동기 김진숙이 해고당한 뒤, 박창수는 94퍼센트라는 압도적 지지를 받으며 노조위원장이 되었다.

3당 합당이 이뤄지던 1990년 1월, 한진중공업 노조는 한국노총을 탈퇴하고 전노협에 가입한다. 당시 전노협 가입 사업장 중 최대 규모의 사업장이었다.

1991년 2월 6일 대우조선 노조가 파업에 돌입하자, 의정부에서 연대를 위한 대기업 노동조합회의 이름으로 박창수를 비롯한 노동자들이 모인다. 모여서 시위를 한 것도 아니고, 대우조선 파업 현장에 함께 있었던 것도 아니다. 겨우 '당신들의 파업을 지지한다'는 성명서를 쓰고 나눠 준 것이 다였다. 이것을 빌미로 67명의 참여자가 영장도 없이 3자 개입의 혐의로 구속된다. 반면 같은 시기 임금 인상을 한 자리로 제한하자는 30대 기업 연석회의는 3자 개입이 아니라서 언론이 대서특필해 주었다.

지금도 이런 일은 숨 쉬듯 일어난다. 사측 연석회 앞에는 절대 귀족이라는 말을 붙이지 않지만, 다만 노조의 모임 앞에는 귀족이라는 말이 붙게 됐다는 점이 달라진 점이다.

박창수는 그렇게 서울구치소에 수감되고 한진중공업으로부터 해임되었다. 수감된 상태에서 박창수는 전노협 탈퇴 선언을 강요받았으나 "내가 전노협이고 전노협이 나인데 어떻게 탈퇴하느냐"는 말로 거절했다. 풍산금속 노조, 포항제철 노조도 탈퇴하는데 한

진중공업 노조는 버티고 있었다.

이쯤 되면 공안 기관들이 꼭 거치는 절차가 있다. 가족이 사는 집의 주소를 조사하는 것이다. 마치 조폭들이 하는 것처럼.

5월 4일 감옥에서 강경대의 죽음에 항의하는 단식투쟁을 하다 부상을 입은 박창수는 안양병원으로 옮겨진다. 입원을 한 뒤 정체 불명의 사내들이 그를 다녀갔다. 박창수의 변호사였던 김형태 변호사는 그로부터 긴급한 전화를 받았다.

"변호사님, 제발 지금 좀 안양병원에 와 주세요."

김 변호사는 "며칠 전에도 접견을 갔었고, 접견을 갈 때마다 집 걱정, 특히 처 걱정을 좀 지나치다 싶을 정도로 했다"고 증언한다. 그는 휴일 지나 가 보겠다고 하고 전화를 끊었다. 접견하기로 했던 5월 6일 새벽 안양병원에서 김 변호사에게 걸려온 전화는 박창수의 갑작스런 사망 소식이었다.

안양병원의 'ㅁ' 자 바닥에 놓인 그의 시신은 발목이 좀 부었을 뿐 깨끗했다. 검안 의사를 부르고 현장 보존을 위한 사진을 찍고 있던 와중에 경찰이 나타나 사진기를 빼앗고 시신을 현장에서 들어냈다. 변호사의 항의에도 아랑곳없이 모든 일이 일사천리로 진행됐다.

노무현 전 대통령이 포함됐던 변호인단과 유족은 병원장, 검사, 경찰과 합의를 했다.

⑴ 사태를 순리대로 풀어 간다.

⑵ 경찰은 철수한다.

⑶ 시신을 영안실로 옮겨 분향할 수 있게 한다.

⑷ 촬영, 부검은 양측 동의하에 한다.

다음 날 5월 7일 경찰은 시신을 탈취하기 위해 시신이 안치된 영안실에 백골단과 전경 22개 중대를 투입했다. 경찰은 병원 내에 최루탄을 퍼부으며 영안실 벽을 부수고 들어와 그의 주검을 탈취했다. 그리고 강제 부검을 실시한 뒤, 부검 결과도 발표하지 않았다. 수원 지방 검찰청 강력부는 노동 운동에 대한 회의와 수감 생활에 대한 기피로 인한 비관 자살이라고 결론짓고 사건을 종결했다.

사건 직후부터 자살을 부정하고 공권력에 의한 살해를 주장해 오던 유족은 2000년 12월 28일 의문사진상규명위원회에 사건의 진상 규명을 진정했다.

금속노조에 의하면, "자살할 사람이 링겔병을 7층 옥상까지 가지고 간 것과 병원 전체의 창문과 옥상으로 통하는 문은 병원 측에서 추락을 방지하기 위해 쇠창살과 열쇠로 잠궈 놓은 상태를 볼 때 도저히 자살이라고 볼 수 없다", "입원 당시 안기부 요원이 계속적으로 접촉을 가졌고, 의문사 당일 저녁에 신원 미상의 괴청년이 병실을 방문한 사실과, 안기부 직원이 전화를 통해 계속적으로 박창수 동지와 통화를 부탁해 온 점 등을 미루어 볼 때 전노협 탈퇴를 종용해 오던 안기부에 의해 살해된 것이 분명했다"라는 주장을 제시했다.

의문사진상규명위원회는 진상 규명 불능이라는 조사 결과를 발표했다. '동행인'이 확인되지 않아 자살이나 타살 여부를 확인할 수 없다는 것이었다.

덧붙이자면 그 뒤로도 노동자의 시신 탈취는 반복됐다.

삼성전자서비스 노조를 준비하다 목숨을 끊은 염호석의 부친에게 6억을 주고 가족장을 명분으로 시신을 탈취했고, 시신 탈취를 막으려던 지회장은 구속하면서 노조 와해를 시도했던 삼성전자서비스 전 대표 구속영장은 두 번이나 기각됐으며 전무라는 사람은 보석으로 풀려났다. 민주노총이 '더 이상 사회적 약자가 아닌' 2018년의 일이다.

1991년 박창수 이후로도 노동쟁의 과정에서 한진중공업 노조에서는 김주익, 곽재규, 최강서 이 세 명의 노동자가 스스로 목숨을 끊었다. 마지막으로 2011년 85호 고공크레인을 홀로 올라가 309일의 시위를 펼쳤던 한진중공업 노조 김진숙 지도위원이 박창수 씨에게 쓴 편지글을 덧붙인다.

세월이 참 빠르다.

벌써 30년,

직업훈련소 동기생으로 우리가 만났던 게 스물한 살.

그 나이에 무슨 일확천금을 노리고 대단한 부귀영화를 꿈꾸었겠노.

그냥 직장 생활하면서 착실하게 돈 모아 집 사고,

때 되면 결혼도 하고 그냥 남들처럼 사는 꿈, 그 꿈이 그렇게 이루기 힘든 거였을까?

나는 해고됐고, 창수 씨는 세상에 없다.

창수 씨는 여전히 서른둘 청년인데

살아 있는 나만 늙었다.

쥐똥이 섞여 나오던 도시락을 집어 던지며 싸웠던 조합원들도 이제는 거의 없다.

테이프를 덕지덕지 붙인 넝마 같은 작업복을 입었던

그 피눈물 나는 세월을 기억하는

조합원들도 이젠 거의 다 떠났다.

그렇지만 우리가 함께 싸워 이루어 낸 역사들은

작업복에도 안전화에도 식당에도

그리고 조합원들의 가슴에 자부심으로 살아서 펄럭인다.

노동자한테 거저 주어진 건 아무것도 없었다.

아무리 작은 거라도 피 터지게 싸워야 했다.

잘생기고, 노래 잘하고, 기타 잘 치고,

술 좋아하고, 사람 좋아했던 박 창 수.

민주노조 세우겠다고 용두산 공원에서,

남포동 고갈비집에서,
영도다리 밑에서 거의 매일 만났던 저녁들.
그 기억들이 하도 생생해서
어느 게 현실인지 한 번씩 헛갈릴 때가 있어.

노무현 씨가 변호사였던 시절, 창수 씨를 보자마자
저 사람이 위원장감이라고 했던 그 세월이 20년이고,
두 사람 다 이젠 세상에 없다.

창수 씨 위원장 당선되던 날
징역에 있던 나를 면회 와서
이제 고생 끝났다고 창살을 잡고 울던 날이 벌써 20년…
창수 씨가 마지막까지 놓지 못했던,
목숨과 바꾸었던 노동조합 깃발을 덮어
땅에 묻은 지 20년이 지났지만
우리가 했던 약속과 꿈마저 묻을 순 없었다.
그 약속들이 아니었다면
우리가 어찌 그 모진 세월을 건너왔겠노.

해마다 싸우고, 해마다 징역 가고, 해고되고
그리고 누군가는 죽었던

그 한 맺힌 20년을 어찌 버텼겠노.

그 꿈이 아니었다면 우리가 어찌 지금까지 버텼겠노.

창수 씨, 지금 우리가 좀 힘들지만 너무 걱정하진 마.

피눈물의 강을 건너온 사람들이다.

수많은 위기의 산을 넘어온 사람들이다.

정호 형, 정식이 형, 영제 형, 용준이 형님, 동순이 형님,

현달이 형님, 국성 씨, 병철 씨, 상철 씨, 성호 씨, 우현이 형, 상규

형, 영복 씨, 재근 씨, 길표 씨 다 있다.

아직 다 남아서 싸우고 있어.

그리고 창수 씨를 본 적은 없지만

그 뜻을 잘 아는 동생들이 있다.

더 힘겨운 일도 너끈히 이겨 온 사람들이니까 이번에도 이길 끼다.

미안하고 서러워서 동지들하고 함께하지 못했던 솥발산.

우리 모두 다 함께 살아남아서 같이 갈게.

꼭 지켜봐 줘, 투쟁!

김진숙이 이 편지를 읽던 크레인 밑에서 박창수의 아버지가 그
녀를 하염없이 올려다보고 있었다.

1991년 5월 10일,
윤용하

　　　　　　　　　1991년 5월 정국에서 노동자로
서는 처음으로 분신한 윤용하의 이야기다.

　전남 승주에서 태어나 순천 중앙초등학교 5년을 다닌 것이 학
력의 전부이다 보니 그의 이름 앞에 그 흔하디흔한 학번을 붙일 수
가 없다. 신문 배달로 검정고시 교과서를 사다 주던 형이 있었지만,
어머니를 다섯 살에 여의었고, 아버지는 병상에 누워 계셨다. 14살,
소아마비로 절뚝거렸던 윤용하는 스스로를 먹여 살려야 했다. 중
국집 배달원 등으로 노동을 시작했고, 가방공장 보조 공원으로 자
리를 잡았다.

　1991년은 그가 만 스물둘이 되던 해였다. 대전에 있던 그가 광
주로 내려간 그날은 5월 9일이었다. 공권력의 폭력과 젊은이들의

희생이 뒤얽혀 있던 최정점의 날이기도 했다.

강경대가 전경들의 폭력으로 사망한 뒤, 정권에 항의하며 대학생 세 명이 분신을 했지만, 시인 김지하는 '죽음의 굿판을 걷어치우라'는 거대한 장광설을 《조선일보》의 지면(1991년 5월 5일)에 실었다. 그다음 날 전노협 소속의 한진중공업 노조위원장 박창수가 의문의 시신으로 발견되고, 하루걸러 5월 8일 김기설이 서강대 옥상에서 분신한 뒤엔, 서강대 총장 박홍 신부가 '죽음의 배후가 있다'는 말로 젊은이들의 희생을 폄훼했다.

사실 김지하나 박홍의 발언으로부터 모든 상황이 바뀌었다고 여기지는 않는다. 분명한 것은 이들 발언의 첫값은 1991년을 다른 이의 죽음, 다시 말하자면 최소치의 인권에 대해 맘껏 혐오 발언을 해도 된다는 최초의 기억을 심어 준 원년으로 만들었다는 데 있지 않을까? 그들과 다른 어떤 이들에게 그해의 5월 하루하루는 따로따로의 봄날들이 아니었다.

민주화직장청년연합에서 풍물을 배우기도 했던 윤용하는 평소 망월동 묘지에 가보고 싶다 했었다.

5월 9일은 이른바 '민자당 해체의 날'이었다. 윤용하는 형의 만류를 뿌리치고 대전을 떠나 광주에서 열리는 국민대회에 참여한 후 치료 중이던 박승희를 문병하기 위해 전남대 병원으로 향한다.

목격자들에 의하면 그의 손에는 빨간 장미 한 송이가 들려 있었다 한다. 결국 병실을 들렀지만 매일이 응급 상황이었던 박승희를 마주할 수는 없었다.

다음 날에도, 그는 여전히 광주에 있었다.

저녁 6시 30분경, 그는 전남대 강당 1층 화장실에서 시너를 끼얹고 진정한 죽음의 배후를 호되게 꾸짖는 유서를 남긴 채, 박승희와 같은 길을 택한다.

현 정권은 김기설 열사의 분신을 그 책임을
이른바 운동권 세력에게 돌리려 한다.
누가 분신을 배후 조종한단 말인가.
하나밖에 없는 생명을 그 누가 버리라고 한단 말인가.
그렇다. 바로 살인을 만행하는 현 정권 노태우,
젊은이들을 죽음으로 몬 것은
총칼 휘둘러 온 현 정권뿐이다.
민주화를 외쳐 대는 우리 청년 학우여,
우리는 그렇게 당했다.
대학생, 노동자, 농민 아니 우리의 4천만 아니 7천만 겨레를 죽였다.
우리는 자본가들에게 끝까지 싸우리라.
노태우는 국민 앞에 사과하고 퇴진하라. 강경대를 살려 내라.

윤용하가 써 내려간 유서의 내용은 많은 이들에게 알려지지 않았다.

분신 뒤 일주일을 채우지 못하고 치러진 그의 영결식장에는 모두가 손을 치켜들며 〈임을 위한 행진곡〉을 부르는 가운데, 윤용하의 형이 손을 치켜들 힘도 없이 멍한 눈으로 앉아 가족 중 유일하게 그가 가는 길을 지키고 있었다.

1991년 5월 18일,
이정순

언니의 분신 소식을 듣고 이옥자 씨가 남편과 함께 서울로 급히 올라가던 길이었다. 휴게소 화장실에서 그녀의 남편에게 누군가 접근했다. 그리고 다짜고짜 물었다 한다.

"정신이 좀 문제가 있다던데, 어떤가요?"

남편은 그 말에 그런 일 없다고 화를 내고는 그 일들을 부인 이옥자 씨에게 전했다. 질문을 한 이는 아마 형사였을 것이라고 동생 이옥자 씨는 추측한다.

한때 시댁까지 부양했던 노동자였음에도 학교 동기도 없고, 노동조합도 있을 리 없는 작은 중국집에서 일했던 그녀는 주부, 이혼녀의 신분으로 언론에 소개됐고, 다음 날 빈소에 찾아오는 사람도 거의 없었다고 한다.

멈추지 않는 국가의 폭력과 이를 꾸짖는 반복된 죽음 속에서 한 여인이 모든 것을 던졌던 순간은 이내 뿌리도 없이 시작됐던 혐오의 언어들에 파묻히고 잊혔다.

1991년은 이정순 씨가 한국 나이로 불혹이 되던 해였다. 그녀는 독실한 카톨릭 신자였고, 노동을 하면서도 시 쓰기를 놓지 않았던 마음의 소유자였다. 그런 그녀가 강경대의 장례식이 열리던 5월 18일 장례 행렬이 지나는 순간 연세대학교 굴다리 위 철길에서 분신 후 8미터 아래로 투신했고, 바로 옆 세브란스병원에 닿자마자 마지막 숨을 떨구었다.

그가 몸에 불을 붙였던 철길 옆 풀밭에는 체크무늬 여행 가방이 있었고, 유서와 가톨릭 기도문이 들어 있었다. 하루 전에는 평소 다니던 가락동 성당의 주임 신부에게 4통의 유서를 남겼다.

'정치인께' 남긴 유서에는 "5, 6공 죄인들은 다 내가 짊어지고 갑니다. 백골단 해체, 군사 독재는 물러나시오. … 정치인들은 양심을 어디에 두고 다니십니까. 남북 평화적 통일하는 데 전력하시고 함께 이루어 주십시오"라며 권력자들을 꾸짖고 당부하는 글이 쓰여 있었다.

일곱 남매 중 장녀였던 그녀는 순천남초등학교 졸업으로 학업을 마치고 버스 안내원, 가발공장 공원 등으로 일했다. 1952년 전쟁 참화 속에서 태어난 가난한 누이의 삶을 기꺼이 짊어진 세대였다.

그녀의 모습은 부평 작전동 한독산업에서 노동자 생활을 했을 때 동료들과 함께 찍은 사진으로 남아 있다. 돌아가실 당시에는 서울 가락동에서 요리사 일을 했는데, 그녀의 방에는 노트 세 권이 놓여 있었다고 한다.

그 안에는 그녀의 기도문과 시가 빼곡했는데, 1991년에 쓴 기도문 중 하나의 전문을 이 자리에 옮긴다.

이 간절한 기도를 들어주소서

하늘에 땅을 다스리시는 하느님 아버지시여
굽어살피소서
이 땅을 구하사
우리를 구원하소서
이 땅에 무례한 이들이 없게 하소서
이 땅에 아버지의 뜻을 어기는 자가 그리도 많사옵니까
나 개인도 온 누리를 까맣게 덮을 만큼 죄가 많사옵니까
용서하여 주소서
하늘나라 아버지시여 기도 소리 들어주소서
간절히 청하옵니다
아버지 들어주소서
이 땅에 사랑과 광명과 빛을

내려 주소서

분노와 환난을

멈추게 하소서

화해의 길로 인도하소서

이 땅을 한마음 한뜻으로 이루어

뜻을 펼치게 하옵소서 아멘

광주 병원에서 병상에 누운 박승희를 문병한 뒤, 고향 순천에 들렀던 이정순은 죽도봉 나무 아래서 동생 옥자에게 말했다.

"박승희의 세례명도 아가다고, 너도 아가다. 네가 박승희고, 박승희가 너다."

맑음으로 정화를 이룬다는 뜻의 '카타리나'라는 세례명을 가졌던 그녀의 결정은 순교의 마음에 가까이 있지 않았을까. 감히 그녀의 마음에 닿으려 애써 본다.

서학이라는 이름으로 스스로 천주교를 받아들였던 한국에서는 매년 독실한 신자였던 그녀와 그녀가 안타까이 여겼던 박승희를 기리는 시간을 갖는다.

천주교 전례력으로 위령성월인 2018년 11월 15일 서울 정동 작은형제회 수도원성당에서 이정순 카타리나와 박승희 아가다 그리고 백남기 임마누엘을 포함한 스물아홉 분의 천주교 열사, 활동가를 기리는 합동추모미사가 있었다. 1996년부터 봉헌된 이 추모

미사는 지금까지 여전히 이어지고 있다.

이옥자 씨는 늦은 나이에 대학에 들어가 문학을 공부했다. 언니를 따라 그녀도 시를 쓴다. 그녀가 언니의 묘지 앞에 놓인 천 마리의 종이학을 보고 쓴 시를 옮긴다.

어느 누구였을까

고마운 사람

파주 사람이라는데

정성껏 접고 또 접은 종이학 수백 마리나 될까

아니 천 마리나 될까

학을 또 접고 접었을 때 무슨 생각하셨나요.

언니가 고귀하고 도도한 학을 좋아하신 줄

어찌 아셨을까

고마운 사람

나는 슬픔에 젖어 울고 있었는데

몇 날 며칠 밤 새워 접었을 어여쁜 종이학

내 마음 부끄럽고 너무 고마웠네

언니는 어쩜 학이 되었는지 몰라

아니 어쩌면 학을 타고 다닐지 몰라

1991년 5월 18일, 김철수

　　　　　　　　1929년 광주고보생과 광주농교생이 조직한 '성진회'와 광주여고보의 비밀결사 '소녀회'가 주도한 광주학생독립운동은 3·1운동 이후 최대 규모의 전국 시위로 번졌다. 이승만의 독재를 끊어 낸 4·19혁명과 마산 앞바다에 떠오른 17살 김주열의 주검의 예를 들지 않더라도, 이 나라의 현대사는 길이 막힐 때마다 어린 학생들의 헌신과 희생이 반드시 반복됐다는 것을 증명해 왔다.

　2017년 부산국제영화제에서 갓 완성한 〈1991년, 봄〉이 상영되고 있던 때 하나의 소식이 날아들었다. 10월 28일 토요일 2시 전남 보성고등학교 교정에서 김철수의 추모 동상 제막식이 열린다는 소식이었다. 학생들 눈높이에 맞춘 그의 동상이 교정에 설 수 있게

정상순

김철수

된 것은 26년 만의 일이었다.

1991년 5월의 이야기를 기록하는 일을 하면서 가장 가슴 아렸던 죽음 중의 하나가 당시 유일한 고등학생이었던 전남 보성고 김철수의 죽음이다. 김철수는 1989년 전교조 교사 대량 해직 사태가 있었을 때, 고등학교 1학년이었다.

친구 김미진의 증언에 따르면 그는 당시 해직이 두려워 전교조를 탈퇴하는 선생님들을 감싸는 진중한 학생이었으며, 밥상을 앞에 놓고도 밥상과 농촌의 고된 노동 그리고 당시의 교육 현실에 대한 이야기까지를 유쾌하게 연결해 이야기할 줄 아는 여유 있는 학생이었다고 한다.

1991년, 광주 5월 항쟁 11주년 기념일이며, 강경대의 장례 행렬이 광주 망월동으로 향하던 날, 전남 보성고의 학생회는 자신들의 이름으로 주최한 5·18 기념행사를 열고 있었다. '솔개'라는 학내 동아리에서 풍물과 독서토론을 해 온 김철수는 하얀 민복을 입고 그 행사의 길놀이에서 징을 쳤다.

본 행사가 시작되자 학교 건물 뒤에서 자신의 옷으로 갈아입은 김철수는 자신의 몸에 불을 붙였다. 몸에 불을 붙인 채 '노태우 정권 퇴진'을 외치며 자신이 다니던 학교의 운동장을 가로질러 온 그는 구호를 멈추고 행사장에 있던 자신의 친구들에게 질문을 던졌다.

"너희 언제까지 잘못된 교육을 계속 받을래?"

그는 아산병원으로 옮겨졌다가 곧 광주의 전남대병원으로 이송되었다. 그가 입원한 중환자실 옆 침대에는 4월 29일 분신했던 박승희가 누워 있었다.

3일 뒤에는 고향 후배 김철수의 죽음을 애통해하며 분신한 정상순이 옆 침대로 실려 들어왔다. 스스로 몸을 태워 버린 세 젊은이가 한 병실에 누워 있었던 것이다.

김철수는 2주 정도 병원에 있었다. 분신 직전 써 놓은 유서 일부가 불에 타 버려 훼손되었기에, 유족과 친구들은 그가 영원히 눈을 감기 사흘 전 그의 유언을 녹음했다.

나는 2분 남짓 힘겹게 녹음된 그 소리 파일을 들으며 '정말 그가 하고 싶었던 이야기가 무엇일까. 남기고 싶었던 이야기와 남겨질 수밖에 없었던 그의 마음은 무엇일까'를 구분하려 냉정을 유지하려고 애썼었다.

"3주일 동안 밥 한 술 못 먹고, 하루에 물 한 컵으로 살아왔다"는 짐짓 아이의 목소리로 돌아가는 그의 고백에도 마음의 동요를 참을 수 있었다. 내가 무너진 것은, 자신의 목소리를 들을 누군가를 막연히 부르는 그의 목소리였다.

"여러분, 여러분."

30년 전 세상을 떠난 그 철수가 지금의 나를 2인칭으로 반복해서 부르고 있는 것만 같았다. 그렇게 내게 전해진 김철수의 육성을 토씨 하나 틀리지 않고 옮기기 위해 듣고 또 들었다.

우리가

여러분께 하고 싶은 말은 여러분도 잘 알 것입니다

앞으로 여러분!

무엇이 진실된 삶인지 하나에서 열까지 생각해 주면 고맙겠습니다.

하는 일마다 정의가 가득 넘치는 그런 사회가 되어 주시기 바랍니다.

제게 힘이 없습니다.

3주일 동안 밥 한 술도 못 먹고, 물 하루에 한 컵만 먹고

지금까지 여러분이 용기를 내게 하기 위해 지금까지 힘차게 살아왔습니다.

여러분! 여러분,

저는 여러분을 확실히 믿습니다.

다음에 살아서, 더욱 힘내서 만납시다. 그럼 안녕히 계십시오.

_김철수가 사망 사흘 전 남긴 육성 유언

1991년 5월 22일,
정상순

"나는 알고 있습니다. 5월 영령들의 외침과 숨소리."

정상순은 자신이 지니고 다니던 조그마한 전화번호 수첩에 1991년 봄에 일어난 일들을 기록해 두고 있었다. 그는 5월에 일어난 모든 일을 지켜본 사람이었다. 공권력에 의한 두 사람의 타살과 이에 항의해 연이었던 일곱 젊은이의 분신자살. 무엇보다 그들의 죽음이 이 사회에서 어떤 취급을 받는지 잘 알고 있었다.

그의 동생 정선인 씨의 증언에 의하면 오빠는 어렸을 때부터 그리스 철학자들의 글을 정성껏 필사하면서 독서와 사색을 즐기던 청년이었다. 사람도 참 좋아해서 10년 터울이 넘는 이들과도 친구를 맺고, 활발하고 호탕한 성격이어서 늘 주위에 친구가 많았다고 그녀는 기억한다.

입시를 준비하던 때 불운하게 척추를 다쳐 결심했던 대학 진학도 포기했고, 이후 취업했던 광양의 제철소 일도 오래 다닐 수 없었다. 그러나 군대에 가기 전까지 가료를 하면서도 보성군 농민회의 일들을 살폈고, 군대 제대 후에도 군대 동기 모임을 주도했으며, 다시 제철소에 들어가 부산과 광양, 광주를 오가며 노동자 집회에 참여하는 등 그의 활동은 폭이 넓었고 거침이 없었다.

이후 그는 집안의 지원으로 덤프트럭과 택시를 사게 되어서 돈을 좀 벌기도 했는데, 그 돈으로 자신이 관여했던 운동 단체들에 재정적 지원을 아낌없이 한 것으로 전한다.

누이는 그 증거 자료들 덕분에 민주화운동 관련자 명예 회복과 보상의 대상자로 인정받는 데에 어려움이 없었다고 했다.

22일은 정상순이 전남대 병원에서 분신을 했던 날이다.

그는 분신하기 하루 전날, 팔에 깁스를 한 모습으로 보성의 집으로 귀가했다. 집회에서 경찰의 쇠파이프에 맞아 그렇게 되었는데, 식사 자리에서 가족들이 걱정을 했다고 한다.

수첩 메모에 '21일 순천 노제'라는 메모가 있는 것으로 보아 이정순의 노제에 있지 않았을까 추측된다. 나중에 안 사실이지만, 그는 5월 18일 보성고에서 분신했던 김철수를 찾아 두 번이나 전남대 병원을 방문했었다. 김철수가 같은 보성 출신이기는 했지만, 그는 순천에서 학교를 다녔고, 일면식이 없던 사이였다. 그가 찾았던 병원 중환자실 김철수의 침대 옆으로, 4월 29일 분신했던 박승희가 생의 마지막 하루를 보내고 있었고, 5월 20일 광주 시내에서 전경의 폭력으로 중상을 입은 권창수도 누워 있었다.

분신 당일 아침, 정상순은 평소 예뻐했던 막냇동생 영희의 직장을 찾았다. 막냇동생은 웃으며 만난 오빠에게 어떤 일이 있을지 상상조차 할 수 없었다.

그날 저녁 7시 25분, 정상순은 전남대 병원 영안실 위에 서 있었다. '노동자여 투쟁하라. 시민들이여 함께 호흡하고 함께 외치고 투쟁하자'는 내용의 유서를 벗어 둔 상의와 가방에 남기고 몸에 불을 붙인 채 투신했다.

그는 병상에서 자신을 화장한 뒤 광주 금남로와 도청 분수대에 뿌려 달라고 가족들에게 부탁했다. 생존해 있던 일주일 동안 자신의 유지를 녹음기에 남기며 비교적 맑은 의식으로 가족, 친구 들과 소통을 했다.

그가 병상에 있던 5월 25일, 서울에서 그와 동갑 나이의 성균관대생 김귀정이 시위 도중 숨졌다는 소식이 전해졌다. 그리고 5월 29일 저녁, 가족들이 지켜보는 가운데 눈을 감았다.

그는 "제가 죽으면 화장을 해서 도로에다가 뿌려 주십시오"라는 유언을 남겼지만, 차마 유골을 도로 위에 뿌려 둘 수만은 없었던 그의 가족들은 그가 원했던 금남로에서 노제를 지내기로 하고 망월동 518묘역에 그를 안장하기로 결정했다.

별다른 연고가 없었던 그의 장례 과정에서 보성군 농민회와 보성으로 농활을 갔던 대학생, 전교조 선생님 들로 구성된 대책회의와 남총련 준비위가 그의 마지막 길이 외롭지 않도록 힘을 보탰다.

6월 3일 저녁 보성역에 당도해 진혼굿을 하던 유족과 운구 행렬은 그의 죽음과 장례식에는 관심이 없었던 언론들이 외대에서 밀가루 계란 세례를 받은 정원식 총리서리에 대한 뉴스를 집중적으로 보도하는 모습을 접하게 된다. 그의 곁을 떠나지 않고 지켜 주었던 또 다른 사람들은 운구 행렬이 광주로 향하던 도중 만났던 벌교 주민들이었다. 계획에 없던 노제를 열었고, 벌교 아주머니들은 먹을 것과 마실 것을 보태 주었다.

추모사업회가 없어서인지 그동안 그에 대해서는 알려진 것이 많지 않았다. 처음 그의 분신 소식이 알려졌을 때, 정상승으로 이름이 잘못 알려지기도 했고, 지금도 인터넷의 소개 글에는 그의 동생 이름이 잘못 기재되어 있다.

광주전남 추모연대 외에 매년 그를 기억해 준 사람은 그가 분신했을 때 찾아와 준 나주 금천교회의 이동균 목사인데 십수 년 동안 그의 추모기도회를 가졌다고 한다.

가족 앨범 속 그의 모습은 사람들 사이에서 항상 밝고 짓궂은 청년의 모습 그 자체이다. 사람들의 무관심과 외면 밑으로 돌아다니던 '충동적인 죽음', '영웅심에 저지른 일' 같은 말들은 그의 죽음과 아무런 관련이 없다. 윤용하처럼, 이정순처럼, 정상순은 자신

의 죽음이 무엇을 위한 것인지, 유서를 통해 유언을 통해 분명히
밝혔다.

1991년 5월 25일, 김귀정

1991년 5월 25일.

비가 추적추적 오랫동안 내리던 날이었다. 학교를 간다며 나갔다가 집으로 다시 들어와 치마를 바지로 갈아입고 갔던 그녀는 그 길로 다시 집에 돌아올 수 없었다.

1991년 5월 25일 5시 충무로역 삼거리, 그러니까 〈늑대와 춤을〉이라는 영화가 대한극장에 걸려 있었고, 스카라극장에는 〈사랑과 슬픔의 맨하탄〉이라는 영화가 걸려 있었을 즈음이다. 건널목의 신호등이 파란 불로 바뀌자, 호루라기 소리와 함께 주위에 모여 있던 젊은이들이 삼거리를 향해 모여들었다.

"열사의 뜻 이어받아, 노태우 정권 타도하자!"

20분이 지나 1만여 명으로 불어난 시위대의 허리를 향해,

1,500여 명 전경과 백골단이 중앙극장 방면과 대한극장 방면, 그리고 스카라극장 삼거리 길의 모든 방면에서 페퍼포그(pepper fog)*를 앞세운 채 10분 남짓한 시간 동안 946발의 최루탄을 쏘며 포위해 들어왔다. 순식간에 삼거리 주변은 아수라장이 되었다.

당황한 시위대는 다섯 개밖에 없는 충무로의 좁은 골목들로 흩어지기 시작했다. 대한극장 건너편 진양상가 아랫길, 중간에서 서 있던 봉고차에 걸려 도망가던 시위대가 쓰러졌고, 이어 200여 명이 줄줄이 넘어졌다. 골목 퇴로를 가로막고 있던 백골단이 넘어진 시위대를 U자로 포위하고 넘어진 사람들의 머리 위로 최루탄과 사과탄**을 던지면서 방패와 곤봉으로 마구잡이로 가격했다.

"살려 달라"는 비명이 몇 겹으로 쓰러져 있던 사람들 사이를 뚫고 나왔다. 이에 전혀 아랑곳함이 없는 백골단 몇몇이 넘어진 사람들 위를 군홧발로 뛰어다니며, 새어 나오던 비명마저 진압봉으로 틀어막았다. 머리 위로, 등 위로 휘둘러지는 진압봉을 피하려고 필사적인 몸부림을 치는 시위대의 옷에 묻어 있던 최루탄 가루가 풀풀 날리며 숨 쉴 공간조차 박했던 사람들 사이를 메우고 있었다.

다큐멘터리를 찍으면서 질식할 것 같던 사람 더미를 가까스로 빠져나올 수 있었던 이들을 만날 수 있었다. 당시 투쟁가인 '참교육의 함성으로'라는 노래를 만들기도 한 고3 학생 권혜진은 사경

---

* 시위 진압용 가스 분사기.

** 손으로 던질 수 있는 크기의 작은 최루탄. 사과 모양처럼 생김.

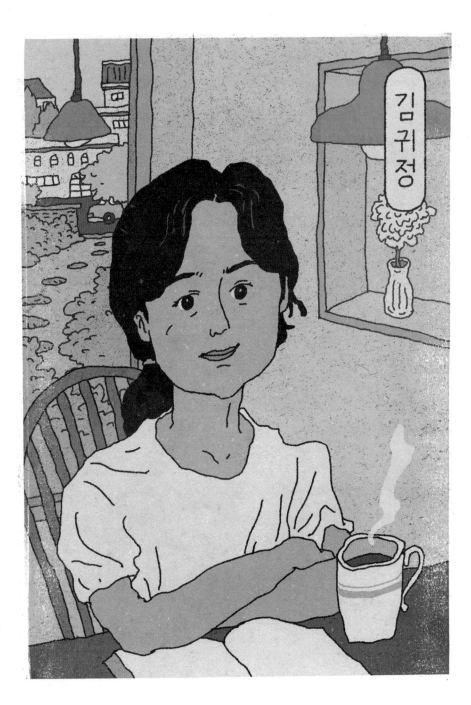

을 경험하고 난 뒤, 전경들의 방패 앞에 주저앉아 멍하니 아수라(阿修羅) 같은 장면을 바라봤다. 이 장면이 한 장의 사진으로 남았다. 그는 전경이 진압봉으로 머리를 가격하는데도 통증조차 느끼지 못했다는 말로 사진 밖에서 그가 느꼈던 충격들을 돌이켜 주었다.

당시 서강대 신입생이던 채수진은 최루탄에 오른쪽 목 부위를 맞아 피를 흘리며 달리다가, 사람들에 깔려 정신을 잃어 가고 있었다. '이렇게 죽나 보다' 하는 평온한 마음이 드는 순간 피가 티셔츠에 묻어서였는지, 동기 남학생들이 깔렸던 그녀의 어깻죽지를 끌어 훅하고 빼내 주었다. 그녀는 을지병원으로 옮겨졌다. 응급실에서 병실로 옮기던 순간 다른 학교의 여학생이 죽었다는 소식을 들었다. '나만 살았구나.' 그녀는 아직도 여러 사람이 모인 곳을 가면 공포감에 사로잡혔다. 다음 날 찾아온 대책위원회 편에, 그녀가 쓰러졌던 그 자리에서 숨졌다는 여학생의 이름을 들을 수 있었다. 성균관대생 김귀정이었다.

그 외 많은 이들이 증언하기를, 한 여학생의 울부짖음이 쓰러진 사람들의 무더기를 찢고 나왔다고 했다.

"아저씨, 때리지 말아요. 저 죽어요."

그것이 김귀정 씨의 목소리였는지는 아무도 확인을 할 수 없다. 자신의 목숨을 추스르기에도 버거운 상황에서 그 자리를 빠져나오는 것만이 그곳에 있었던 이들이 할 수 있는 모든 것이었을 터. 그녀는 그렇게 한 무리의 사람들이 쏟아져 나간 거리에 반듯이 누워 있었고, 근처에서 구한 널빤지에 옮겨《한겨레신문》의 취재 차량의 힘을 빌려 백병원으로 향했지만, 그날로 숨을 거두었다.

그날은 명지대생 강경대 군이 전경의 쇠파이프에 맞아 희생된 지 한 달이 채 되지 않았던 날이다. 그 짧은 기간 동안 대학생 2명이 공권력의 과잉 진압으로 목숨을 잃었고, 노동자 한 명이 의문사를 당했으며, 8명 젊은이가 살의 가득한 공권력에 저항하며 분신자살을 했다. 김귀정 씨는 그 시간 동안 목숨을 잃은 11번째 젊은이였다.

> 몸이 열 개라도 도저히 따라갈 수 없는 대학 생활과 아르바이트 생활의 연속, 공부를 하기 위해 대학에 들어왔는데 그 대학을 다니기 위해서 나는 공부를 제쳐 두고 돈을 벌러 다닌다.
> _ 김귀정의 메모

그녀는 1985년 한국외국어대에 입학했으나 집안 사정으로 자퇴한 뒤, 1988년 성균관대 불문과에 재입학했다. 낮에는 일을 하고, 밤에는 공부를 할 수 있었기 때문이다. 바쁜 삶이었을 텐데도 그녀는 동아리 '심산연구회' 활동에 열심이었다. 동아리 '날적이'에는 그녀의 마음을 담은 메모가 가득하다. 일기도 남아 있다.

> 난 나의 미래가 불안하고 자신도 확신이 없다.

하지만 한 가지 확실한 것은

나의 일신만을 위해

호의호식하며 살지만은 않을 것이다.

결코 그렇게 살지 않을 것이다.

_ 김귀정의 메모

1991년 5월 어버이날, 김기정의 어머니 김종분 씨의 증언에 의하면, 그녀는 마루에서 김밥을 수북이 싸고 있었다고 한다.

엄마, 내일 놀러 가지? 내가 지금은 돈이 없으니까 김밥만 싸 줄게.
돈 벌면 좋은 거 많이 사 줄게.

어머니는 한참 지나 당시의 일을 생각해 보니, 그때가 강경대 장례식 때여서 시위하는 아이들 먹이려고 그렇게 김밥을 많이 싸고 있었던 것 같다고 그날을 회상했다.

이름 없고 힘없는
희생은 멈추지 않았다

1991년 봄 멈추지 않던, 국가폭력에 의해 희생된 자들을 아파하고 자신을 던져서라도 마지막까지 맞선 사람들은 이름 없고 힘없는 사람들이었다.

국가가 국민의 안전과 행복을 목적으로 위탁받은 권한의 범위를 넘어 국민에 대한 불법적 지배를 감행할 경우, 주권자인 국민 스스로 국가에 대한 권한의 위임을 철폐하고 자신의 권리와 자유를 지키기 위해 국가에 실력으로 저항할 자연법상의 권리를 저항권(Right of resistance)이라고 일컬어 왔다. 역성혁명론 혹은 폭군방벌론 등 동서양을 막론하고 고대부터 인정되어 온 저항권은 국가보다 먼저 존재했을 인류 보편적 원리를 수호하기 위한 권리이지만, 체제에 대한 저항을 명시한 권리이기 때문에 헌법이나 실정법으로 명문화된 경우는 드물다.

광주 금남로에서도, 서울 한복판에서도 이름 없는 이들의 죽음과 희생은 우리나라의 질곡의 역사 속에서 늘 반복되어 오던 것이었다. 1980년 광주민주화운동 당시 도청에 마지막까지 남은 이들 중엔 윤상원이 끝내 도피시켰던 전남대 총학생회장 박관현을 제외하고 그 흔한 총학생회장 하나 정치인 하나 찾을 수 없다.

1980년 광주의 전남도청은 누가 살 것이고 누가 죽을 것인지를 가르는 경계가 되었다. 이 대목에서 광주항쟁 직전인 5월 15일, 서울 광화문에 진주해 있던 계엄군의 탱크를 앞에 두고 서울역에서 어떤 일이 있었는지 상기해 볼 필요가 있다. 당시 전국의 총학생회 장단은 서울역에 모여 청와대로의 행진을 철회하는 소위 '서울역 회군'이라는 것을 결정했었고, 아직까지도 당시 결정의 불가피했음을 역설하고 있는 사람이 정치인으로 승승장구해 왔다는 사실도 잊지 말아야 한다.

정상순의 장례식 이후 민자당은 6월에 있었던 지방자치선거에서 득표율 40퍼센트로 광역의원 의석의 3분의 2를 휩쓸었다. 반전에 성공한 민자당은 총칼이 아니더라도 30~40퍼센트의 지지만으로 자신들의 기득권을 유지하는 법을 알아내었다. 당시의 대통령이던 노태우는 1987년에 있던 젊은이들의 희생과 다수 국민의 저항에도 불구하고 36.3퍼센트의 득표율로 집권했었다.

이젠 더 이상 총과 칼로 윽박지르며 국민 모두를 통제하지 않아도 되었다. 혐오의 씨앗을 뿌리고, 갈등을 부추기면서, 쿠데타 세력 당사자들과 그의 후예들은 몇십 년을 버텨 왔고 지금도 그 언행들을 반복하고 있다.

대통령을 하야시킨 촛불혁명까지 지나온 이 체제를, 1987년 민중항쟁의 재현이 아니라 1980년의 쿠데타 세력들이 3당 합당으로 자신의 덩치를 불려 4반세기가 넘도록 기득권을 연장해 온 시발점인 '1991년 체제의 극복'이라는 관점으로 새로 볼 수 있어야 한다고 생각한다. 질문을 이렇게 바꾸어 보아도 좋겠다. 현재까지 지속 중인 6공화국 체제는 1987년의 민주항쟁이 얻어 낸 산물인가, 1991년 체제의 연장에 불과한가?

1991년 봄의 일들을 폄하하는 사람들은 보수적 입장에 있는 사람들만은 아니다. '강경대는 (1987년에 비하면 비교할 수 없는) 학원자주화 투쟁 와중에 숨진 것이니, 박종철이나 이한열만큼 기억될 수 없다'는 주장 또한 진영 가름이 무색하도록 존재해 온 빈곤한 역사적 감각에 기대고 있다.

강경대도 이한열이 섰던 최전선에 서 있었던 전위였다. 사회 곳곳에서 진행되었던 학원자주화투쟁, 노동쟁의뿐만 아니라 김학순 할머니가 최초로 제기했던 위안부 문제까지 1991년에 일어난 모든 일은 1987년의 '호헌철폐 독재타도'만큼이나 절실했던 최전선의 싸움이었다. 6공화국의 말 뿐이던 민주주의를 자신의 삶 깊숙이까지 꽂아 놓으려던 숱한 이름 없는 이의 싸움들을 이제는 다르게 직면해 봐야 할 시간이 되었다.

1991년 11월 제주도에 양용찬이란 젊은이가 바람 차던 그 시절에 신자유주의에 맞서며 자신이 일하던 건물 옥상에서 몸을 던졌다. 그의 사후, 민주화보상심의위원회라는 데에서 그가 보상의 대상이 될 수 없음을 통보받았다. 이유는 '부문 운동'에 불과했기 때문이라 했다. 아무도 관심 없었고, 현재도 진행되고 있는 주변의 가장 처절한 싸움들이 어떤 것의 부문일 뿐이라고 여기는 태도는 언제까지 지속될까. 지금 우리에게 있는 미래의 가능성들은 '이만하면 됐다'에 멈춘 사람들이 아니라 '실제로 나아진 게 뭔데?'라는 의문을 떨치지 않았던 순진무구하면서도 처절했던 무명씨들의 계산 없는 희생 덕에 열릴 수 있는 것은 아닐까.

이후로도 이름 없는 이들의 크고 작은 희생은 멈추지 않았다. 나는 여기 그저 차마 이야기하지 못했던 1991년 4월 26일부터 5월 25일, 단 한 달 사이 11분의 희생자분에 대한 작은 정보들을 정리했을 뿐이다. 많은 분들의 기억과 마음속에 이 분들의 이름이 자리할 수 있기를 바란다.

1991년,
그 이름들

김봉환   1991년 01월 05일 산재

남현진   1991년 02월 03일 의문사
송종호   1991년 02월 20일 의문사
김공림   1991년 02월 22일 사망

신용길   1991년 03월 09일 사망

강경대   1991년 04월 26일 폭행
김영환   1991년 04월 27일 의문사
김광길   1991년 04월 28일 병사

김영균   1991년 05월 02일 분신

천세용   1991년 05월 03일 분신

박창수   1991년 05월 06일 의문사

김기설   1991년 05월 08일 분신

윤용하   1991년 05월 12일 분신

이정순   1991년 05월 18일 분신

박승희   1991년 05월 19일 분신

김귀정   1991년 05월 25일 폭행

정상순   1991년 05월 29월 분신

김철수   1991년 06월 02일 분신

이진희   1991년 06월 15일 분신

석광수   1991년 06월 24일 분신

유재관   1991년 06월 27일 사망

고재욱   1991년 08월 03일 익사

류정하   1991년 08월 03일 익사

손석용   1991년 08월 19일 분신

김처칠   1991년 08월 22일 투신

양용찬   1991년 11월 07일 분신

최인정   1991년 11월 21일 병사

권미경   1991년 12월 06일 투신
탁은주   1991년 12월 10일 의문사

_1991년 희생자 29인, 민족민주열사·희생자 추모(기념)단체 연대회의*

---

*   이 날짜는 사망일 기준이다.

04.
소설보다
이상한 이야기,
유서대필 사건의
재구성

"길을 가다 모르는 사람이
뒤통수를 때린 것 같았다"

　　　　　　　　1991년 5월, 그해의 봄바람은 꽃
가루가 아닌 최루탄을 싣고 거리와 사람들을 스쳐 다녔다. 한 대학
신입생이 시위 도중 전경들의 쇠파이프에 숨을 거뒀고, 연이어 또
다른 젊은이들이 날 선 국가폭력과 불완전한 민주주의에 분개하며
목숨을 던졌다.

　여기에, 당시 민주화 열망의 구심점이던 시민단체의 간부이자
강기훈 씨의 동료였던 한 사람의 죽음은 싸움 한가운데 있었던 모
든 이들을 곤경에 빠뜨렸다. 연이은 젊은이들의 죽음과 혼란에 지
친 사람들은 그들의 죽음 뒤에 배후가 있다는 말을 믿고 싶어 했
다. 그리고 검찰은 단 한 사람의 필적 감정 하나만으로 이 사건을
만들어 냈다.

길을 가다 모르는 사람이 뒤통수를 때린 것 같았다.

동료를 죽음으로 몰고 갔다는 혐의로 검찰에 연행됐던 순간을 떠올리며, 강기훈 씨가 했던 말이다. 그는 유서대필로 자살방조죄를 저지른 사상 유일무이한 사람이 되었다. 짓지도 않은 죄로 1,151일의 감옥살이를 하고 밖으로 나왔어도, 그는 오해와 편견이라는 감옥에 또다시 갇혔다.

사실 '유서를 누가 썼는가?' 하는 의문은 이미 오래전에 풀렸다. 2007년 국립과학수사연구원과 7개 사설 감정원의 재감정 결과는 어느 한 곳 빼놓지 않고 모두 유서의 주인이 김기설 본인임을 가리켰다.

> 나 죽어 민주주의 혁명의 도화선이 되자는 생각을 가지려고 애썼고, 때로는 정말 죽음을 통해 역사의 이정표를 세운다는 작은 영웅심에 사로잡혀 보기도 했지만…
>
> _안재성, 『사랑의 조건』 중에서

김기설이 죽기 전 몸에 지니고 다녔던 소설책의 한 구절이다. 이 구절은 유서의 첫 문장이 되었다.

김기설은 그 초부터, 억울한 여러 죽음에 관한 조사 업무를 맡고 있었다. 그는 연이은 죽음에 대한 미안함과 무력감을 주변 사람에게 반복해서 토로했다. 그의 노란색 일회용 라이터 유품에는 검게 그을린 그의 지문 자국이 남아 있었다. 이제 사람들은 그의 유서에 아직 고스란히 남아 있는 그의 마음들을 읽어 낼 수 있을까?

"겁쟁이 위선자 아첨꾼들은
한 해에도 백만 명씩
태어난다"

영화 〈빠삐용〉은 억울한 살인 누명을 쓰고 외딴섬에 갇히지만 자유를 포기하지 않고 끝없는 탈옥을 감행하는 이야기를 담고 있다. 스티브 맥퀸이 연기한 빠삐용도 실존 인물이고, 그가 갇혔던 악마의 섬(Île du Diable) 또한 1952년까지 실존한 프랑스령 기아나의 악명 자자한 유배지였다. 영화에서 등장 한 번 없이 빠삐용에게 무안을 주는 드레퓌스라는 사람도 실제로 존재했던 인물이다.

1991년 유서대필 조작 사건은 종종 한국판 드레퓌스 사건이라고도 불린다. 비스마르크가 진두지휘하던 프로이센과의 전쟁에서 패배하며 황제정과 공화정을 오가는 정치질서의 재편 한가운데 위기에 몰린 프랑스의 집권 세력이 국민의 분노를 잠재울 희생양이 필요했다는 점. 13개의 단어 중 글자 4개의 필적이 비슷하다는 이유로 진범 에스하르지가 있음에도 유대인 드레퓌스 대위를 스파이로 몰아 반역죄로 유배를 보냈다는 점. 피카르 중령의 노력과 에밀 졸라의 헌신으로 재심을 청구하여 드레퓌스가 끝내 무죄를 받았다는 점 등이 유서대필 사건 초기부터 드레퓌스 사건을 함께 호명한 이유였을 것이다.

실제로 이 두 사건은 다음과 같은 점에서 유사하다고 볼 수도 있다. 국가 공권력의 전횡으로 인한 인권의 유린, 편견 확산과 왜곡 보도에 골몰하는 제도 언론, 진실과 양심에 대한 대중의 외면, 지식인들의 양심적 혹은 기회주의적 처신 등 지금도 여전한 쟁점이 한꺼번에 모두 드러났다는 점에서 말이다. 그러나 시간이 흐를수록 드레퓌스 사건과 유서대필 조작 사건, 이 두 사건은 공통점보다는 차이점이 많아진다.

드레퓌스 사건과 유서대필 조작 사건이 차이를 보이는 지점들은 다음과 같다.

첫 번째, 필적이 문제가 되었던 것은 프랑스의 공식 문서 즉 군사 기밀 문서였지만 한국의 경우는 유서였다는 사실이다. 프랑스가 국가 위신이나 민족적 자긍심을 이유로 공권력이 무리수를 뒀다면, 우리나라의 경우 국가가 공권력의 이름으로 가장 은밀할 수 있는 개인의 영역을 유린한다. 죽기 전에 마지막으로 남긴 유서의 의미를 국가가 앞장서 폄훼함으로써 그들이 으깨 버린 것은 사람에 대한 최소한의 존중이 자리했던 경계였다.

두 번째, 프랑스에는 「나는 고발한다!(J'accuse!)」라는 세기의 논설로 알려진 에밀 졸라가 있었고, 그의 글에 1면 전면을 내준 군소 신문《로로르(L'Aurore, 여명)》지가 있었다. 이 작은 신문에 에밀 졸라의 글이 실리자 30만 부가 팔려 나갔던 반면, 한국에는 한 시인이 '죽음의 굿판을 걷어치우라'며 젊은 희생들에 대한 폄훼에 나섰고, 그의 글을 실은 신문은 이후 발행부수 1위의 입지를 탄탄히 굳혀 갔다.

《로로르》지의 공동 창간자이자 작가인 마크 트웨인은 우리에게 이런 위로의 말을 남겼다.

> 겁쟁이 위선자 아첨꾼들은 한 해에도 백만 명씩 태어난다. 그러나 잔 다르크나 에밀 졸라 같은 인물이 태어나는 데는 5세기가 걸린다.

세 번째, 드레퓌스가 무죄를 선고받을 때까지 12년 동안, 이 문제는 프랑스는 물론 유럽과 미국을 비롯한 모든 서방 세계의 관심사였고, 진실과 정의를 원하는 소수와 혼란을 배제하고 싶어 하는 다수의 끝없는 논쟁이 지속되었다. 결과는 드레퓌스가 프랑스 최고의 훈장 레종 도뇌르를 받고 수십만 관중의 환호를 도열하며 완전한 복권에 이르렀다는 것이다. 뿐만 아니라《로로르》의 창간자였던 끌레망소는 이후 프랑스의 총리가 되었고, 끝까지 양심을 굽히지 않았던 피카르 중령은 국방장관까지 지냈다. 이 하나의 사건은 민주공화정의 기초를 다지게 된 프랑스만이 아니라 이스라엘 건국을 주도한 시오니즘(Zionism)의 발현 등 전 세계의 정치와 사회에 커다란 반향을 미친 사건이 되었다. 반면 한국은 이렇다 할 성찰도 논쟁도 없이, 재야 진영과 강기훈 개인의 고립된 싸움이 동료를 죽음으로 몰았다는 주홍글씨가 채 지워지지 않은 채 지속되어 왔다. 그사이 당시 이 사건에 관련되었던 판·검사들은 박근혜 정부의 탄생에 앞다퉈 기여한다.

마지막으로, 군인이던 드레퓌스는 프랑스 정부로부터 드레퓌스 스스로 유죄를 인정하면 사면해 주겠다는 제안을 받아들임으로써, 그를 도왔던 피카르 중령과 에밀 졸라의 조건 없는 헌신을 무색케 한 적이 있었다. 그가 가족의 고통을 외면하지 못했고, 역설적이게도 누명을 썼던 원인인 유대인이기보다 프랑스 국민이고자 했던 그는 사면 후 병든 몸으로 세계대전에 참전하기까지 했다. 그를 구원한 것은 그 스스로이기도 했지만, 프랑스 사회 전체의 관심이 없었다면 불가능한 일이었다.

반면 강기훈 씨는 변호인단과 가족, 동료의 지원 이외에 딱히 기댈 곳이 없었어도 한번 흔들린 적이 없이 묵묵히 싸움을 감내해 왔다. 30년의 세월이 흐른 지금 이 사건을 한국판 드레퓌스 사건이라고 부르기엔 두 사건 사이에 너무 많은 거리가 생겨 버린 것이 아닐까?

　　우리가 원하는 것은 한 개인의 구원이 아니라 우리 모두의 구원
　　이다.

　이 말은 드레퓌스의 무고함을 확신하며 끌레망소가 외쳤던 말
이다. 이 말은 다시 강기훈 씨의 변호인단 단장 김창국 변호사의
변론 요지서에 인용된 말이기도 하다. 그는 더불어 1991년 무심
히 유죄가 선고되던 법정에서 '지금 우리가 원하는 것은 강기훈의
승리가 아니라 건전한 상식의 승리'라고 간절히 호소한 바 있다.
　이렇게 단 한 번 굽힘 없던 법조인들이 있었다. 김창국 변호사
는 부장검사를 마치고 인권변호사가 된 드문 법조인이었다. 민주
사회를 위한 변호사 모임과 시민단체 참여연대의 창립 멤버였고,
초대 국가인권위원장, 친일반민족행위자 재산조사위원장을 연이
어 맡으며 법조계의 정의 실천에 있어 맨 앞자리에 큰 발자국을 남
겼다.
　그가 떠난 자리에는 또 다른 김창국 변호사들이 있다. 그와 함
께했고, 강기훈의 재심 변호인 단장이던 이석태 변호사는 세월호
특별조사위원회 위원장으로 자리한 뒤, 현재 헌법 재판관을 맡고
있다. 1991년 당시 대학 신입생으로 거리에 있었던 송상교 변호
사는 강기훈 씨의 무죄를 확정 지었던 재심에 이어 손해배상 소송

의 변호인으로 강기훈 씨의 곁을 지키고 있다. 재심의 결정적 토대를 마련했던 진실화해위원회에는 김갑배 변호사가 조사 책임자로 있었다. 강기훈 씨의 동생 강은옥 씨는 법조인이 되어 학생 인권을 위해 일하고 있다.

진실은 익으면 절로 떨어지는 감이 아니다. 에밀 졸라는 자신의 팬클럽만을 위해 노래하는 락스타의 삶을 흉내 내지 않았다. 「나는 고발한다」를 쓰고 난 후 그의 삶은 맹렬한 반대자들로부터 지속적인 위협을 받았고, 끝내 의문의 죽음을 맞게 된다.

이 사건에 관해 30년 가까이 지속되어 온 편견 못지않게, 이 사건에 대해 잘 알고 있다는 확신 또한 또 하나의 함정일 것이다. 국가를 상대로 한 강기훈 씨의 민사상 배상 소송이 여전히 진행 중이다. 공권력의 피해자가 겪은 공권력이 저지른 불법 행위와 반인권 행위에 대한 구체적인 고통을 진술하는 것은 그 순간의 모멸감과 수치심, 분노, 두려움, 공포 등을 다시 되뇌는 또 다른 고통의 반복이다. 원심, 재심 그리고 형사 보상 소송, 민사 배상 소송에 이르는 지난한 재판을 지켜 온 강기훈 씨의 변호인단은 밤새 기록을 읽고 서면을 썼다. 강기훈 씨의 소송대리인단은 쟁점을 분명히 하기 위해 재판부에 당사자 신문을 신청했고, 이를 재판부가 받아들여, 강기훈 씨는 재심 법정에 다시 나서기도 했다. 강기훈 씨는 그 법정에서 30년이 지났어도 변함없이 유서대필의 혐의를 물고 늘어지는 검찰들과 얼굴을 맞닥뜨려야 했다.

- 1991년 변호인단

  1심 – 유현석, 김창국, 장기욱, 박연철, 이석태, 한기찬, 박재승, 강철선, 조영황, 박용일

  2심 – 유현석, 김창국, 박연철, 이석태, 이범열, 이세중, 함정호, 조준희, 고영구, 홍성우, 최영도, 황인철, 조영황, 박재승, 한기찬, 박용일, 김형태, 조용환, 백승헌, 이종걸

  3심 – 김창국, 유현석, 이석태, 박연철

- 2008년 재심 변호인단

  이석태, 백승헌, 송상교, 윤천우, 서선영, 이주언

- 2016년 손해배상 소송 대리인단

  백승헌, 김묘희, 서선영, 송상교, 이주언

고인이
의도하지 않았던
곤경

　　　　검찰 수사는 김기설이라는 개인
이 남긴 유서를 비롯해 그가 살아 있던 동안의 흔적들을 샅샅이 활
용했다. 김기설은 흘려 쓰는 속필체와 정자체 두 가지의 필기체를
구사했는데, 그가 남긴 유서의 필적이 생전의 정자체와 일치하지
않는다는 점으로부터 유서대필 조작이 시작되었다. 김기설이 서강
대로 향하기 전 그의 동료들은 그의 유서를 발견하고 그가 보는 앞
에서 찢어 버렸다. 그가 동료들을 따돌리고 당시 여자 친구와 통화
를 마친 뒤 서강대로 향하던 시간은 한 시간 남짓. 어느 누구에게
도 밝혀지지 않은 그 시간 동안 그가 한 일 중 하나는 유서를 다시
쓰는 일이었을 것이다

　　책 읽기를 좋아하고, 메모를 즐겼던 그가 남긴 필적들은 발견

되는 대로 모두 검찰의 손으로 들어가다시피 했다. 동사무소에 남긴 그의 주민등록 서류 등 정자체 필적은 검찰의 주장을 뒷받침하는 유리한 증거로 사용되었고, 그의 유서 필적과 유사한 속필체를 포함하고 있는 차용증, 방명록, 수첩의 메모 등은 증거 능력 부족을 이유로 모두 기각되었다.

김기설은 파주에서 태어나 인천의 수도전기통신고등학교를 다니다 중퇴한 뒤 대입검정고시를 통과한 이력이 있었다. 그는 당시 동료들에게 자신을 한양대 철학과 중퇴자로 소개하며 당시 운동권들이 가명을 사용했던 관행을 따라 '한정덕'이라는 이름을 사용했는데, 그의 친한 친구였으며 한양대에 재학 중이던 한 모씨(이후 강기훈 씨의 재심을 여는 데 결정적 증거가 되는 김기설이 남긴 '전대협 노트'를 증거로 제출한 사람이기도 하다.)를 떠올렸던 것으로 보인다. 강기훈 씨에게 소개 받았던 여자 친구에게도 자신의 모든 것을 밝히지 못했는데, 이 점은 검찰의 압박 수사를 받았던 여자 친구에게 많은 혼란을 안겨 주기도 했다.

그는 군을 제대한 뒤 성남 민청련이라는 단체에서 일을 했으며, 성남 민청련에서 업무 능력을 인정받아 전민련 사회부장으로 진출했다. 그러나 전국 규모의 재야 단체라고 해서 매달 그의 통장에 임금을 자동이체해 줄 상황일 리는 당시로써도 만무했다. 활동가들은 어떻게 해서든 경제적 지원을 받거나 스스로 벌어야 하는 상황이었으며, 강기훈 씨도 일어 번역을 병행하며 재야 단체 업무를 감당하고 있었다. 분신 7개월여 전, 큰누나 집에서 어음과 현금을 가족의 동의 없이 가지고 나온 일이 있었는데, 이 또한 낱낱이 공개되면서 그가 유서에 남긴 죽음의 이유에 대해 회의하게 되는 근거로 악용되었다.

당시 과학수사는 도입 초기였고, 필적 감정은 최종적으로 소수의 전문가들의 판단에 집중되어 있어서 수사 집단의 주관적 판단을 객관적 증거로 만들 수 있는 몇 안 되는 틈이었다. 검찰은 유서의 필체가 김기설의 것이 아니라 강기훈의 것이며, 내용도 김기설이라는 사람이 쓸 수 있는 것이 아니라고 단정했다. 또한 검찰은 그를 "고등학교를 중퇴한 학력의 소유자로, 지식과 문장력이 부족하여 강기훈의 지식과 문장력을 이용"한 사람으로 조작했다(검찰의 공소장, 1991. 7. 21 인용). 뿐만 아니라 검찰은 그의 여자 친구를 불법 감금 조사하며 자신들에게 유리한 증언을 조작해 냈다. 법원은 그녀가 불법적인 상황에서 증언했다는 법정에서의 증언은 기각한 채, 검찰이 조작해 낸 증거만을 채택했다.

김기설의 아버지는 당시 자식이 남긴 유서를 읽지도 않은 채 자식이 쓴 유서가 아니라고 증언했다는 고백을 십몇 년이 지나서야 할 수 있었다. 그는 '지금 읽어 보니 유서의 글씨가 기설이가 남긴 메모의 글씨와 같더라'고, 복수의 공중파 시사프로그램에서 몇 차례에 걸쳐 증언한 바 있다. 국립과학수사연구소는 유서의 필적이 강기훈의 필적이라던 자신들의 '과학적' 판단을 역시 십수 년이 지나서야 뒤집었다.

지금 더
잘나가는
사람들

1991년 당시 검찰은 현행법에도 없는 악마를 잡는 초능력을 발휘했다. 당시 서울지검장은 강기훈 씨를 교활한 인물로 묘사하며 "검찰은 국가 최고 권력 집행기관의 자격으로 이런 '악마'를 응징하는 데에 전력을 다해야 한다"라며 기염을 토했다. 그러나 악마를 잡는다는 비장함에 비해서 그들의 공소장은 허위와 편견으로 가득한 실망스러운 것이었다. 그들이 자랑하는 과학수사에 근거했던 공소장은 이렇게 시작한다.

강기훈은 1991년 4월 27일경부터 같은 해 5월 8일까지 사이의 일자불상경(어느 때) 서울 이하 불상지(어느 곳)에서 한국신학대학 리포트 용지에 검정색 사인펜으로 김기설 명의의 유서 2매를 작성했다.

_1991년 7월 21일 강기훈 씨 자살방조 혐의를 기술하는 검찰의 공소
장 중에서

범죄 행위는 특정하면서도, 그 행위가 언제 어디서 이루어졌는
지 특정하지 못한 채 심증만으로 혐의를 기술하고 있다. 이후 서술
된 심증의 이유마저도 고등학교 중퇴자에 대한 지독한 편견에 기
반한 것이었다.

> 김기설(망자)은 1982년경 경기 파주 광탄 소재 ○○종합고등학교
> 1년을 중퇴한 학력의 소유자로, 지식과 문장력이 부족함에도 피고
> 인(강기훈)의 지식과 문장력을 이용.
>
> _1991년 7월 21일 강기훈 씨 자살방조 혐의를 기술하는 검찰의 공소
> 장 중에서

결국 그들이 농락한 것은 악마가 아니라 사람의 평범한 삶과
죽음의 가치였다. 검찰은 재심 과정에서도 강기훈 씨가 1991년 당
시는 물론이고 그 이후에도 새로운 증거 조작을 통하여 국민과 언
론을 호도하고 있다고 주장했다. 1991년 이후 조작 수사에 가담했
던 자들은 제도 정치의 중심 세력으로 달려왔고 검찰은 과거의 잘
못을 스스로 바로잡는 기회를 갖지 못했다. 최종 무죄 판결 이후에

도 당시 수사에 몸담았던 사람들을 포함해 그들의 이야기를 성실히 실어 날랐던 언론은 자신의 의견을 당당히 밝히고 있다.

사과할 일이 아니다. 현재의 척도로 옛날에 한 판결을 다시 하면 결론이 달라질 것.

_최종 무죄 판결 이후 남기준(1991년 당시 사건 담당 검사) 변호사의《경향신문》과의 인터뷰 중에서

조작이라면 무엇이 조작인지 증거를 갖고 구체적으로 이야기하라. 검찰은 수사를 하는 기관이지 판단을 하는 기관이 아니다. 당시 1, 2, 3심이 진행됐는데 그 과정에서 그걸 밝혀내지 못했다면 그건 법원 잘못이다.

_최종 무죄 판결 이후 임철(1991년 당시 사건 담당 검사) 변호사의《경향신문》과의 인터뷰 중에서

증거의 신빙성에 대한 판단은 재판부마다 다를 수는 있다. 궁극적 진실은 강기훈 씨 본인이 아는 것.

_최종 무죄 판결 이후《조선일보》의 2014년 5월 15일 사설

검찰은 비단 강기훈 씨의 재판만이 아니라 그 외의 재심 사건에서도 기계적인 항소나 상고를 거듭하고 있다. 재심은 사건 공소를

더 이상 유지할 수 없는 새로운 증거가 제출되어야만 시작할 수 있는 어려운 재판 절차이다.

재심이 진행된다 해도 재판 과정 그 자체로도 피해자들에겐 그것은 늘 길고 지난한 재트라우마(retrauma)를 겪는 과정이기도 하다. 당시 피해 상황의 재현도 모자라 반성은커녕 합법적 법률 절차에 대한 최소한의 존중조차 없어 보이는 관련자들의 목소리들, 그리고 잘못된 기소에 대한 책임은커녕 더 나은 자리로 승진을 거듭해온 공권력 집행자들의 모습은 피해자들로 하여금 재심을 굳이 고집해야 하는가 하는 딜레마까지 이르게 했다.

대법원 또한 검찰의 즉시 항고가 이루어진 후 3년이 지난 2012년까지도 재심 개시와 관련해서 어떤 결정도 내리지 않았다. 그사이 설상가상으로 그의 발병 소식이 알려지자 함께 일했던 재야 단체의 선후배, 동료 들이 '강기훈의 쾌유와 재심 촉구를 위한 시민모임'의 이름으로 모여들었다. 그들 또한 동료의 죽음을 조장한 사람들이라는 편견으로부터 자유롭지 못한 시간을 살았던 사람들이었다.

재심이 진행될수록 내가 그 옛날 학교 입구에서 얼토당토않은 이유로 전경에게 맞아야 했던 기억들이 잊히기는커녕 오히려 선명해져 갔다. 사건 이후 주위 사람들로부터, 언론으로부터, 법정으로부터 진실과 정의를 명분으로 자신의 소중한 일상들을 희생하라는 요구를 받아야만 했던 강기훈 씨는 어땠을까? 해마다 5월이 되면

잠 못 이루는 밤이 그를 괴롭혔고, 낮이 되면 '사람들의 알 권리'가
그의 작고 소중한 일상을 넘어 들어왔다.

■ 재심 최종 판결이 나기까지의 연표

2005년	경찰청 과거사위원회에 새로운 증거 김기설의 '전대협 노트와 낙서장' 제출
2007년 11월 13일	진실화해를 위한 과거사정리위원회 재심 권고
2008년 1월	서울 고법에 재심 청구
2009년 9월	서울 고법이 재심 청구 인용(재심 개시 건의) ↔ 서울 고검 공판부, 즉시 항고 (당시 부장검사는 이후 서울 북부지검장과 사법연수원 부원장 역임)
2012년 10월 19일	대법원이 검찰의 즉시 항고 기각, 재심 결정
2014년 2월 14일	재심 고등법원의 무죄 판결 ↔ 검찰, 선고 6일 뒤 상고
2015년 5월 14일	재심 대법원의 무죄 확정 선고

그레고르와 같은
당혹감이었을까?

　　　　　　　　강기훈 씨의 이야기를 영화로 만
들기로 하고, 그를 만나기 전 영화를 만들기 위해 꼭 있어야 할 그
의 마음 풍경을 상상하는 것은 평범한 인간인 나로서는 힘에 부친
일이었다. 20여 년이 넘도록 쌓인 보도와 자료 들에는 사건의 인
과는 충분히 있었다 하더라도, 인간 강기훈의 마음 길을 더듬을 수
있는 자료는 많지 않았다.

　수십 년 이상을 검증받아 온 작가들의 허구 속에서 오히려 그의
일들과 마음 길들에 대한 영감을 어렴풋이나마 받을 수 있을 뿐이
었다.

　일어나 보니 흉측한 벌레가 되어 있더라는 카프카 『변신』의 그
레고르와 같은 당혹감이었을까? 엠마뉘엘 까레르의 『콧수염』에서

아내를 깜짝 놀래 주려고 10년 넘게 기른 콧수염을 깎았지만, 아무도 몰라봤을 때 주인공이 겪었던 고립감과 같은 감정이 지속되었을까? 이 작품에서 아내를 비롯한 모든 주위 인물들은 그의 콧수염에 대한 무관심을 넘어 애초부터 콧수염은 있지도 않았다고 말하며 소중한 추억들까지도 부정하면서 주인공을 미치기 직전의 고립감으로 몰고 간다.

> 저는 검찰에 출두할 당시에 그 어떤 부분보다도 동료의 유서를 대신 써 준다는 그 허황한 말들이 무리 없이 "그럴 수도 있구나" 하고 받아들여지는 우리 사회의 분위기에 섬뜩한 느낌이 들었으며, 지금까지 그때의 느낌은 여전합니다.
>
> _강기훈, 「1심 최후 진술서」 중에서, 1991년 12월 4일

편견과 오만으로 날조된 사건 한가운데 그가 있었기 때문일까? 엄연히 실존하는 인물이 자꾸 허구적인 세계의 인물에 겹쳐 보이는 역설은 무엇일까? 소설보다 허접한 날조의 아이디어에서 시작해 소설보다 잔혹한 날들을 보냈던 강기훈 씨가 처한 상황은 분명히 매일 마주칠 수 있을 법한 마땅한 일이 될 수 없었다.

강기훈 씨는 유서대필로 자살 방조를 했다는 3류 코미디보다 못한 무고를 24년이나 받고 있었다. 그러나 그것이 그의 모든 것은 아닐 것이다. 그의 기타 연주를 비롯한 그와의 만남은 내가 상상한

허구적인 상황과 인물들이 입은 과장의 옷을 벗겨 내고 실존하는 한 사람을 조금씩 보여 주었다.

이방인
강기훈

　　　　　　　　영화를 시작하고 어느 쯤엔가 강
기훈 씨가 소설 『이방인』의 뫼르소와 닮았다는 생각을 한 적이 있
다. 대통령 직선제를 요구하며 민정당연수원에서 기습 농성을 하
고, 1989년부터 재야 운동 단체에서 인터넷이 세상을 바꿀 거라며
PC통신망을 관리하던 그는 이 사회의 낯선 이방인이었을 것이다.
그것만으로 모자라 강기훈 씨의 삶에는 젊은 날에 벌어진 유서대필
조작이라는 부조리한 상황들이 떨어질 줄 모르고 매달려 있었다.

　　나는 참여도 안 시키고 모든 것이 진행되었다.
　　내 의견을 물어보지도 않은 채 내 운명이 결정되었다.
　_알베르 까뮈, 『이방인』 중에서

그러나 내가 지켜본 그는 『이방인』의 뫼르소처럼 곧고 담담하게 그러한 삶들을 견디고 타개해 나가는 모습이었다. 간혹 불편한 과거에 대한 질문들이 반복해 들어오더라도 정확한 시간과 이름들을 잊는 법이 없었고, 암 진단 이후 약물 치료와 방사선 치료를 거부하고 자신이 원하는 삶과 죽음의 모습을 택할 때에도 주저함이 없어 보였다.

차이가 있다면 『이방인』에서 부조리한 현실이 드리운 죄의 그림자는 뫼르소가 자처한 것이지만, 강기훈 씨는 저지르지 않은 일로 누명을 썼다는 것. 그리고 소설에 묘사된 것보다 훨씬 극단적인 부조리한 상황에 놓여 있었다는 것이다. 30년 전에도 브람스를 좋아하고, 정시 퇴근을 고집했던 그는 재야 운동권 사이에서도 이방인이었을지 모른다.

소설 속 뫼르소는 법정에서 어머니의 사망 소식을 듣고도 슬퍼하지 않았다는 것만으로 궁지에 몰린다. 뫼르소는 자신의 철학에 입각해 그 궁지의 상황에서도 냉정을 잃지 않았다. 1991년 당시 강기훈 씨 또한 침착과 냉정을 잃지 않으며 명동성당 안에서의 한 달이 넘는 농성 생활을 누구보다 꿋꿋이 보냈다. 다른 이의 증언에 의하면 그 상황에서도 바흐의 음악이 얼마나 세상을 바꾸어 놓았는지에 대해 이야기해 주던 사람이었다.

그러나 끝까지 냉정했던 뫼르소와는 다르게, 그는 검찰에 출두하기 직전 기자회견을 하다가 눈물을 흘렸다. 싸움에 임하는 전사

여야 할 그가 연약한 모습을 보였다는 것으로 몇몇 사람들의 입방아에 오르내렸다. 그의 어머니조차 자신의 저서(『너를 위한 촛불이 되어』)에서 그 순간에는 울면 안 됐었다는 안타까움을 표현했다. 그 눈물의 이유 또한 그의 어머니가 썼던 그 책에 묘사되어 있다.

> 기훈이는 기자회견 도중 "진실하기에 떳떳하면서도 한편으로 하소연할 길 없는 억울함과 무거운 마음이 교차됨을 숨길 수가 없습니다" 하는 대목에서 말을 잇지 못하고 울음을 터뜨리고 말았는데, 후에 그의 재판 과정에서 최후 진술을 듣고 안 일이지만, 그것은 그 자리에 있었던 나의 초췌해진 얼굴 때문에 터진 울음이었다.

소설이 아닌 현실을 살고 있던 강기훈 씨는 '지쳐서 파리해지신 어머니의 얼굴'(강기훈 씨의 페이스북에서 인용)에 그의 눈이 스치듯 머물렀던 순간을 참지 못하고 '걷잡을 수 없이 울 수'밖에 없었던 평범한 인간이었다.

"희생자 역할을
맡아 줘"

감당할 수 없는 사실에 대한 날조와 왜곡은 타락한 지배를 유지하는 가장 빠른 길이었다. 혼란에 지친 사람들은 그럴듯한 거짓 뒤로 몸과 맘을 숨겼다. 죽어 간 자에 대한 부채감과 공포감, 살아남은 자들의 외면과 편견은 단 한 사람, 강기훈에게 수렴했다. 정의와 진실이라는 무게 앞에서 단 한 사람이었던 그는 모든 신상과 심경이 낱낱이 까발려져야 했다. 국가와 사회는 진실과 정의의 법정에 가해자를 소환하지 않은 채 피해자만을 닦달해 왔다.

오에 겐자부로의 소설 「인간 양」에는 일본의 패전 이후 버스에 탄 주인공이 술 취한 외국 군인들과의 시비 끝에 주인공을 비롯한 몇 사람이 양 잡기 놀이라며 아래 속옷이 벗겨진 채로 "양치기, 양치기 빵 빵" 하는 소리에 칼등으로 맨 엉덩이를 맞아 가며 굴욕적인 모욕을 당한다. 외국 군인들이 양 잡기 놀이에 지루해져 버스에서 내리고 나자, 그것을 숨죽이고 지켜보고 있었을 뿐인 사람들은, 수치심에 침묵하는 피해자들에게 참지 말고 불의에 저항할 것을 강요한다. 그중 교사인 한 사람은 버스에서 내려 쫓아오면서까지 주인공을 따라와 이렇게 이야기한다.

> 누구 한 사람은 이 사건을 위해서 희생자가 되어야만 해. 자네로서는 그냥 입 다물고 잊어버리고 싶겠지만 눈 딱 감고 희생자 역할을 맡아 줘. 희생양이 되어 달라고.
> _오에 겐자부로, 「인간 양」 중에서

소설 속에서 피해를 당하지 않기 위해 침묵했던 방관자들은 자신들이 불의를 방관했다는 죄책감을 해소하는 데 급급한 나머지 피해자가 겪었을 수치심에 대한 공감을 외면한다. 맞았으니 되돌려주어야 한다는 식의 단순한 정의가 다시 (희생)양이 되어야만 하는 주인공의 처참한 심정을 돌볼 수 있을까?

국가폭력의 피해자들 개인이 겪은 고통과 트라우마는 진실 규명이나 사회 정의 같은 대의에 눌려 있기 마련이었다. 피해자가 그 고통의 시간과 장소, 사람을 재현해야 하는 처지에 놓인다는 것은 재트라우마 즉, 트라우마를 다시 생생하게 재경험하게 되는 끔찍

한 상황을 의미한다. 강기훈 씨에게 있어 해마다 어김없이 찾아오는 5월은 잠자고 일어나면 베갯잇이 푹 젖어 있는 날이 많은 달이었다.

막상 강기훈 씨의 곁을 지킨 사람들은 세상에 내세워진 사람들이 아니었다. 옥고를 감수하면서까지 정교한 백서를 만들어 낸 서준식 인권위원장, 아들의 남다른 선택이 궁금해 독학으로 대학까지 입학했던 그의 어머니 고 권태평 여사, 재심 대법원에서 24년간 그의 변호인이었던 이석태 인권변호사의 이름이 첫손에 꼽힌다.

확정된 선고를 뒤집고 재심으로 가는 일은 모두의 생각처럼 쉬운 일이 아니었다. 서준식 위원장을 이은 박래군 인권운동가의 헌신이 있었고, 끝내 이름을 밝히기를 거부했던 진실화해위원회의 조사관들의 집요한 노력과 정확한 선택이 있었다. 그리고 이 까칠한 암 환자와 넉넉한 친구가 되어 준 국가폭력 피해자들의 치유모임 NGO인 '진실의 힘' 송소연 이사가 있었다.

피해 증명의 책임이 피해자에게만 지워지는 고립된 현실에서, 그들의 트라우마를 치유하는 선결 조건은 피해 규명과 책임자 처벌만큼 중요한 것이 자신이 속한 사회의 공감과 인정이다. 죽음을 기억하는 것, 한 개인의 훼손된 삶을 복원하는 것, 이 인간의 기본들에 좀 더 세심한 관심을 기울일 수 있는 것은 퇴행해 온 사회의 품격을 복원하는 전제조건일 것이다.

어떤
소망

　　강기훈은 유서대필로 자살방조
죄를 저지른 사상 유일무이한 사람이 되었고, 그 <u>스스로도</u> 언급했
듯이 한날한시도 용납할 수 없는 3년의 옥살이를 했다. 짓지도 않
은 죄로 옥살이를 살뜰히 하고 밖으로 나왔어도, 그는 오랜 세월
동안 편견이라는 또 다른 감옥에 홀로 갇혀 있어야 했다. 이해가
되지 않는 사건이 일어났을 때, 사람들은 이를 해석하기 위해 상상
력을 동원한다. 그러나 그 상상력 속에 편견과 그 편견이 틀리지
않는다는 오만함이 결합되어 있다면 어느 때보다 무자비한 비극을
잉태할 수도 있다.

　'어톤먼트(Atonement)'라는 제목의 영화로 개봉하기도 했던 소설
『속죄』는 로비와 세실리아의 사랑을 목격한 뒤, 따로 일어난 강간

사건의 범인으로 로비를 지목하는 11살짜리의 문학소녀 브리오니의 이야기이다. 진실을 외면하고 무지와 허위의식으로 소녀가 써 내려간 픽션은, 사랑하는 두 연인을 돌이킬 수 없는 파멸의 길로 몰아넣는다. 그녀는 자신의 소설 속에서 두 연인을 맺어 줌으로써 속죄를 하지만 남은 것은 파괴된 삶과 흘러가 버린 시간뿐이었다.

> 사람을 불행에 빠뜨리는 것은 사악함과 음모만이 아니었다. 혼동과 오해, 그리고 무엇보다도 다른 사람들 역시 우리 자신과 마찬가지로 살아 있는 똑같은 존재라는 단순한 진리를 이해하지 못하는 것이 불행을 부른다. 그리고 오직 소설 속에서만 타인의 마음속으로 들어가 모든 마음이 똑같이 소중하다는 사실을 보여 줄 수 있다.
>
> _이언 매큐언, 『속죄』 중에서

사람이 다른 사람의 죽음을 조종할 수 있다는 픽션, 운동권은 그럴 수 있다는 편견은 11살 소녀의 창작물이 아니라 이 사회가 조금씩 나눠 쓰고, 국가가 공연한 집단 창작이었다. 오랜 시간 눌려 왔기에 더 꼬여 있는 왜곡들, 사건에 가려져 더 부풀어진 사람에 대한 편견들, 이 모든 것을 알고 있다고 여기는 오만들이 건재하지만, 지금도 강기훈 씨는 여전히 우리와 같은 공기를 들이마시며 살고 있다.

검찰이 써 내려간 조잡한 픽션보다 앞서 언급한 소설들이 강기훈 씨와 그의 일들을 더 잘 설명한다고 해도, 그것들이 강기훈 씨의 모두를 말할 수는 없다. 강기훈 씨는 2014년 10월 28일 페이스북에 「어떤 소망」이라는 글에서 소박한 소망을 피력한 적이 있다.

회사 일을 핑계로 술을 질펀하게 마시고 들어간 집에, 경악하는 가족들의 표정이 기다리고 있고, 허튼 농담 하다 욕먹고 다음 날 처리할 업무에 관한 악몽을 꾸면서 소파에서 잠들고 싶다.

거짓, 위선,
그리고
살아남은 자들

　　　　　　　　　부풀려진 거짓은 당시 만 스물여섯의 젊은이였던 김기설의 나이보다 더 많은 세월이 흐른 지금 이 순간에도 채 지워지지 않고 있다. 또한 불행한 것은 유서에 자신의 뒷일을 부탁했던 '선택이 형'이 〈1991, 봄〉에 출연한 이후 병상에 계시다가 2020년 말에 영면에 들었다는 사실이다. 김선택 씨는 필자가 당시의 상황을 묻는 인터뷰 카메라 앞에 세울 때마다 "우리 기설이는?"을 반복했었다. 그는 김기설이 유서에 언급함으로써 강기훈, 서준식 씨와 함께 검찰의 유서대필 조작으로 인해 직접적인 영향을 받았던 세 사람 중 한 사람으로, 강기훈 씨가 기나긴 재심 과정을 끝내고 최종 무죄를 받던 선고심이 있던 날 세 사람 중 유일하게 그 자리를 지켰던 사람이다.

한편 김기설이 유서 속에서 자신의 뒷일을 부탁한 사람이 한 사람 더 있었다. 지금도 위원장으로 불리는 당시 전민련 인권위원장 서준식이었다. 김기설은 당시 사회부장으로서 실무자가 없던 서준식의 실무 일을 맡아 하고 있었다. 그가 김기설의 시신을 확인할 때, 검찰 측을 대표해 나왔던 이가 그가 익히 알고 있던 대학 동창 신상규였으며 결국 그는 유서대필 조작 사건의 주임검사가 됐다.

서준식 씨는 1992년 여름 강기훈 씨가 대법원에서 유죄 확정을 받았던 그날로부터 유서대필 조작 사건의 백서 작업에 돌입했다. 개인 빚을 내어 만든 3권의 묵직한 백서를 일일이 들고 다니며 '진실은 오직 하나'임을 만나는 사람마다 이야기하고 다니던 이였다. 그는 자신의 저서에 "유서 사건에 나 자신의 거의 모든 삶을 빼앗기고 허우적거리면서도 인권운동가로서는 이처럼 엄청난 인권 유린 사건의 한가운데 직접 당사자나 다름없는 처지로 설 수 있었다는 사실을 평생에 여러 번 만나기 어려운 큰 영광으로 생각한다"고 썼으면서도 재심 끝에 최종 무죄 선고를 받던 자리에는 모습을 드러내지 않았다. 당사자인 강기훈 씨도 최종 선고가 있던 자리에 있지 않았다.

김기설의 무덤 앞에서 "그 옛날 이성도 상식도 통하지 않는 암흑의 시대가 있었다고 편안히 쉬며 옛이야기를 할 날이 올 것"이라고 다짐했던 그의 말이 여전히 무색해서였을까? 명동성당에서 농성하는 강기훈을 그렇게도 몰아대던 기자들이 당시 재판부의 유죄 판결에 불만을 터뜨리는 위선이 반복될 것을 예감해서였을까?

김기설은 세월이 속절없이 흐르는 동안 1991년 5월 정권에 항의하며 분신한 젊은이들 중 유일하게 타인의 조종에 의해 분신을 한 사람으로 오인된 채 수십 년의 시간을 그대로 남아 있었다. 김기설을 대신해 살아남은 자들의 여전한 회의와 절망에 이 사회는 어떤 답을 준비해야 할 것인가?

1991년의
사법적 현실

송상교[*]

"동일한 인간 혹은 귀족이나 국민
이나 주요 인물들이 속한 동일한 단체가 법률을 제정하는 권력과
공공의 결정을 실행하는 권력, 범죄나 개인들의 분쟁을 심판하는
권력을 행사한다면 모두 망치고 말 것"이라는 몽테스키외의 3권
분립에 대한 확신은 설계된 지 이미 270년도 넘은 근대국가 성립
의 기본 골간이다. 1948년 3권 분립에 입각한 헌법과 함께 출범한
대한민국의 역사는 수단과 방법을 가리지 않고 세 가지 권력을 독
점하려 한 소수 기득권자들의 전횡을 아무런 힘도 없는 다수 국민
의 희생과 헌신으로 민주국가의 형식적인 틀을 애써 복원해 온 시

---

[*] 이 글은 송상교(유서대필 조작 사건 형사재심 공동변호인이며 (전)민주사회를 위한 변호사
모임 공익인권변론센터 소장)가 썼다.

간들로 채워진 것이기도 하다.

1987년 6월 항쟁 이후, 직선제로 치러진 1987년 대선 이후 여소야대 정국 속에서 독재정권 시대와 다른 모습을 취하는 척이라도 했던 입법 권력과 행정 권력과는 달리 최종적 심판의 권력을 가졌던 사법 권력만큼은 인원의 충원을 비롯한 내부 관리 방식부터 기소와 재판의 관행까지 큰 변화가 존재하지 않았다.

1990년, 노태우 정권이 두 야당 총재들과 밀실에서 여소야대 정국을 인위적으로 뒤집었던 3당 합당을 결행한 뒤, 범죄와의 전쟁 선포를 시작으로 공안 정국을 주도함으로써 정권 연장을 시도하고 있었다. 그렇게 격변기의 상황들이 이어지던 1991년, 강경대가 시위 도중 진압 경찰의 쇠파이프에 의해 사망한 후 범국민대책회의가 결성되고 민주화 시위가 전국적으로 발생했다. 많은 젊은이들이 분신, 투신, 의문사로 사망하던 이 기간 동안 많은 중대한 상황들이 법적으로 어떻게 다뤄지고 어떤 판결로 귀결되었을까.

당시의 사법적 현실이 어떻게 구성되고 작동했었는지를 몇 가지로 요약하자면, 그로부터 30년이 지난 지금도 큰 변화가 없다는 사실에 또 한 번 놀라게 된다. 당시 사법질서가 어떻게 진행되었는지를 알 수 있는 첫 번째 키워드는 관계기관 대책회의의 존재로 압축할 수 있다.

군부 독재 시대에는 검찰의 정치적 독립이나 사법부의 분립은 법 조항에나 존재했다. 국가안전기획부(안기부, 이전 중앙정보부)나 보안사, 치안본부 등의 정보기관들이 특정 사건을 조사(혹은 조작)하면 검사는 그 조서 그대로 기소를 하고 재판부는 그대로 유죄를 선고하는 일이 해가 동쪽에서 뜨는 이치와 매 한가지이던 시대였다. 1987년 민주 항쟁 이후 노태우 정권이 들어선 뒤 안기부와 치안본부, 보안사 등의 정보기관들은 끊임없는 비판과 견제의 대상이 되었는데, 1991년을 기점으로 관계기관 대책회의를 통해 새로운 권력 집단으로 등장하며 공권력 지휘의 전면에 나섰던 세력이 바로 검찰이다.

관계기관 대책회의는 1980년대 이후 사회적으로 중요한 사건이 터지면 어김없이 등장했다. 1987년 1월 '박종철 고문치사 사건'이 발생했을 때에도 '관계기관 대책회의'가 중요한 역할을 했다. 사건이 발발한 직후 안기부, 법무부, 내무부, 검찰, 청와대 비서실 및 이들 기관의 기관장이 관계기관 대책회의라는 이름 아래 모여, 이를 통해 사건의 조작과 축소에 관여하여 수사 방향에 영향을 미쳤다. '관계기관 대책회의'는 1985년 김근태 고문 수사 당시에도 등장한다. 검찰과 안기부 등이 관계기관 대책회의를 열었고, 이후 검찰은 경찰의 고문 행위를 축소 수사하고 가해자를 무혐의 처분하였다.

1991년 5월 8일 김기설이 분신한 당일 아침 대통령 비서실장 주재로 검찰 총장, 법무부 장관 등이 참석한 '치안관계 대책회의'가 열렸다. 이 회의에서 분신의 배후에 대해 조사해야 한다는 결정이 내려지고 회의 후 정구영 당시 검찰 총장은 산하 검찰에 '최근의 분신자살 사건에 조직적인 배후 세력이 개입하고 있는지의 여부를 철저히 조사할 것'이라는 명령을 하달했다.

강기훈 씨도 2017년 노컷뉴스와의 인터뷰에서 이렇게 말했다.

> 처음부터 검사들이 했고요. 그러니까 구체적으로는 서울지검 강력부 소속 검사들이 전원 투입이 됐습니다. 그리고 5월 8일 분신 사건이 있자 바로 분신 배후를 수사한다는 이유로 그분들이 전부 다 활동을 시작을 했고요. 매우 적극적인 방법으로 유서가 대필되었다는 사실들을 언론에 흘리기 시작하면서 이 사건을 만들어 나간 게 5월 중순경이거든요.

이때 수사 지휘를 한 검사가 강신욱 부장검사이고 주임검사 신상규, 수사검사는 송명석, 안종택, 남기춘, 임철, 곽상도, 윤석만, 박경순 검사 등 9명이다. 그들은 한 몸처럼 움직이며 국가폭력에 저항하며 민주질서의 회복을 요구하던 분신 정국의 흐름을 패륜 집단에 대한 응징 국면으로 바꾸는 데 성공한다.

검사동일체 원칙

두 번째 키워드는 '검사동일체 원칙'이다. 검찰 총장이 '분신 배후'를 수사하라고 지침을 내리고 서울지검장이 대규모 수사단을 꾸렸을 때, 검사 하나하나는 그 지침에 따라 움직여야 했다. 왜 그랬을까. 당시 검찰청법 제7조 제1항은 '검사동일체의 원칙'이라는 제목 아래 제1항에서 "검사는 검찰사무에 관하여 상사의 명령에 복종한다"고 못 박고 있었다. 정치적 사건에서 이 원칙은 더욱 노골적으로 수사를 좌지우지할 수 있는 근거가 되었다.

정부와 검찰이 쏘아올린 '분신 배후설'은 곧 수사의 확고한 지침이 되었다. 검찰의 방침에 따라 치안본부는 전민련 등 재야 단체 관계자들을 대상으로 김기설 분신자살 배후 조종 혐의에 대한 내사에 착수하였다. 검찰 총장의 지시에 따라 전재기 서울지검장이 이 사건을 배치한 부서는 이례적으로 공안부가 아닌 강력부였다. 부장검사 강신욱을 중심으로 대규모 전담 조사반을 구성하였다. 지금 돌이켜보더라도 이해가 가지 않는 일이다. 한 젊은이가 민주화를 요구하는 유서를 써 놓고 분신자살을 했는데, 검찰은 처음부터 분신을 조종한 사람이 있다고 단정하면서 수사 방향을 '분신 배후'를 찾는 것에 집중했다. 상식적인 검사라면 이렇게 수사를 하지는 않았을 것이다. 무엇이 한 젊은이의 죽음을 처음부터 '유서대필'로 바꾸어 놓았을까.

1991년 5월의 한복판인 5월 27일, 그 직전 연도인 1990년까지 검찰 총장을 했던 김기춘이 법무부 장관이 되었다. 처음부터 결론을 정해 둔 수사는 더욱 일사분란하게 끝까지 진행되었다. 전재기 서울지검장은 수사 진행 중에 전체 부장검사 회의에서 이 사건에 대해 훈시를 하였고, 그 훈시 내용은 4쪽짜리 내부 회람용 공문으로 전체 검사와 직원에게 회람되었다.

당시의 사회문화적 기준으로서도 우스꽝스러운 부서장의 회람 목적의 공문에는 강기훈이 '유서를 대필한 확실한 범인'이며 '명동성당에서 농성하는 동안 각종 증거 자료를 조작'했고, '거짓말을 해 천주교 신부와 순진한 기독교인들을 속이고 있다'는 악의적 단정과 비난이 포함되어 있었다. 문장은 한술 더 떠 신학적 세계관까지 펼치는데 '이 사회에는 천사와 악마가 공존하고 있다'면서 '검찰은 국가 최고 권력 집행기관의 자격으로 이런 악마를 응징하는 데 전력을 다해야 한다'고 강조하며 전 검찰 직원들이 동요 없이 수사에 임하라고 '훈시'하는 내용을 버젓이 담고 있다.

인권의 사각지대

1987년 민주화운동의 결과로 헌법이 개정되었다 해도, 사법제도는 실질적으로 거의 변화가 없었고 인권을 보장하는 역할을 제대로 하지 못했다. 밤샘 수사와 폭언·폭행, 협박을 통한 자백 강요가 이루어졌고 헌법상 보장된 변호인의 조력을 받을 권리도 제대로 보장되지 않았다. 공권력이 잔혹한 폭력과 함께 사실과 다른 혐의를 확정하는 3류 수사가 명목상으로만 사라졌을 뿐, 심문 과정에서 기본권을 유린하며 심리 압박과 속임수로 허위 자백을 이끌어내고 피고인에게 유리한 증거는 은폐하고, 수사 당국이 미리 정해 놓은 결론에 부합하는 증거만을 채택하고 심지어 조작해 내는 수사 방법은 여전히 제도적인 통제 바깥에서 반복되고 있었다.

김기설의 분신 이후, 검찰은 강도 높은 수사를 벌였다. 초기부터 검찰은 김기설의 필적을 집중적으로 수집하였는데, 그 과정에서 유서가 김기설 필적임을 증명하는 자료들은 수사 기록에서 뺐다는 것이 나중에 드러났다. 검찰은 '유서대필' 프레임에 들어올 누군가, '유서대필자'를 찾아야 했다. 그 프레임에 들어온 것이 김기설에게 여자 친구를 소개해 주었다는 동료 강기훈이었다. 검찰은 '국과수'에 무려 12차례에 걸쳐 김기설과 강기훈의 필적 감정을 의뢰한 끝에 유서가 김기설 필적이 아니고 강기훈 필적이라는 감정 결과를 얻어 냈다. 국과수 감정인 김형영은 처음에는 김기설 정자체와 흘림체인 유서 사이의 필적 동일성을 판단할 수 없다고 감정한 바 있었지만, 검사의 계속된 감정 신청에 유서 필적이 김기설의 필적과 '상이'하고 강기훈의 필적과는 '동일'하다고 감정 결과를 번복했다. 그 과정에서 김형영은 강기훈의 대학 당시 필기 노트 등 필적이 유서 필적과 다르다는 것을 알면서도 정해진 결론에 맞추어 허위로 감정했다.

　수사 과정 역시 '피의자의 기본적 인권'을 내팽개친 채 진행되었다. 검사는 강기훈을 구속한 후 밤샘 수사를 했다. 변호인을 접견할 때도 검사가 옆에 앉아 있었다. 가족을 구속하겠다는 협박과 폭행도 계속되었다. 피의자 주위의 수많은 사람을 소환하여 협박과 가혹행위를 하며 강압 수사를 하였다. 국과수 필적 감정 결과를 내세워 강기훈에게 '자백'을 강요하였다.

　　이틀씩 잠을 안 재우는 건 기본이고 의자에 앉지도 못하게 해 선 채로 조사를 받기도 했어요. 검사들이 바통터치해 심문하는데 별 질문은 없어요. 움직일 수 없는 증거가 있다고 믿었는데 그게 아니거든요. 마약 수사도 하는 사람들이었는데 욕만 해 대고 '운동권 새끼들이 빨갱이나 뽕쟁이랑 똑같다'는 이야기만 반복했어요. 지쳐 죽을 만하면 주임검사 신상규가 들어와 취조하는데 창틀에 맥주를 10개 이상 쭉 깔아 놓고 질문해요. 자기는 배고프면 맥주 마신다며 뽕쟁이들 수사할 때도 그런대요. 취기가 오르니까 말이 거칠어지고 주먹으로 때렸어요. 취조받던 곳이 11층이었는데 살짝 열어 놓은 문 사이로 보이는 맞은편 방에는 포승줄, 수갑, 쇠사슬이 벽에 죽 걸려 있었어요. 저한테 '널 달아매겠다. 4시간이면 자백할 거다'라고 협박했었죠.

　　_《경향신문》 2012년 9월 28일자 강기훈 인터뷰

강기훈 씨의 동생이자 당시 법학도의 신분이었던 강은옥 변호사도 〈1991, 봄〉 인터뷰 속에서 당시 재판 도중 일어났던 한순간을 증언한 바 있다.

그때 법원 복도에서. 같이 일하던 분들 중에 한 분인데, 그분이 재판 방청을 하고 있는 상황에서, 경찰들이 갑자기 저 사람 잡아야 한다고 그래서 갑자기 우르르 달려들었어요. 당연히 영장도 없고 현행범도 아니었는데, 막 잡는데 "왜 이러냐 놔라" 그러는 와중에 그때 저희 담당 변호사였던 김창국 변호사 님이 말렸음에도 불구하고 결국 그 사람을 끌고 갔어요. 법원 안에서…. 근데 제가 그날 전공 수업이 있던 날이라서 법서를 하나 들고 있었거든요. 그걸 들고 그 장면을 보는데 부끄러워서 정말… 책을 들고 있는 것이 부끄러워서… 내가 왜 이걸 가지고 있을까… 그 상황의 저를 다시 돌아보면 내가 만약에 사법부라든지 정권이라든지 한 사람을 망가트리는 모습을 목도하지 않았더라면 아마 나도 별 생각 없이 내가 옳다고 생각하는 대로 다른 사람을 집어넣을 것이다. 그런 생각을 하게 되는 거죠.

검사는 피의자 신문 과정에서 강기훈에게 수십 장의 시필(試筆)을 작성하게 하고 검사 자신도 시필을 작성하기까지 했다. 그런데 유서와 강기훈이 눈앞에서 쓴 필적이 다르자 이를 찢어 버리고 증거로 제출하거나 국과수에 필적 감정을 의뢰하지도 않았다. 수사 과정에서 대책위 등에서 다수의 김기설의 흘림체 필적을 취합하여 제출하였으나 그때마다 이유를 달아 강기훈이 김기설의 것처럼 조작한 필적으로 몰아갔다.

수사기관과 언론의 커넥션-피의 사실 공표

수사기관은 수사 과정에서 얻은 피의자에 대한 피의 사실을 피의자를 기소하기 전에 공표하여서는 안 된다(형법 제126조). 피고인을 형이 확정되기 전까지는 유죄로 단정해서는 안 된다는 무죄 추정의 원칙은 헌법상 기본권에 해당한다(헌법 제27조 제4항). 무죄 추정의 원칙 보장을 위해 수사기관의 기소 전 피의 사실 공표는 형사 처벌로 금지된다. 그러나 우리 사법 체계에서 지금까지도 수사기관은 별 제한 없이 피의 사실 공표를 필요에 따라 남용하고 있다.*

1991년 당시 강기훈 자신이 '유서대필을 하지 않았다'고 결백을 주장하고 있는 상황이었음에도 검찰은 거의 매일 '강기훈이 사망한 김기설의 유서를 대필한 것이 확실하다', '강기훈의 자살 방조 혐의가 유죄임을 자신한다'는 등 피의 사실과 관련된 사항을 아

---

* 박주민 의원이 2017년 국정감사 당시 대검찰청으로부터 사건처리 현황(검찰연감)을 제출받아 분석한 자료에 따르면, 2007년부터 10년간 피의 사실 공표죄로 325건이 접수되었으나 기소된 건은 0건이었다. 이 기간 피의 사실 공표죄로 기소된 검사가 한 명도 없었다(2017년 10월 6일자 박주민 의원실 보도자료 "10년간 피의 사실 공표죄, 경찰관 직무집행법 위반죄 기소 0건").

무런 여과 없이 언론을 통해 발표하였다. 1991년 7월 12일 강기훈이 기소되기 전에 검찰의 이러한 모든 피의 사실 공표가 이루어졌다. 재판은 물론이고 기소도 되기 전에 강기훈은 이미 '유서대필범'으로 단정되고 뚜렷하게 각인되었다. 이에 덧붙여 검사는 7월 12일 강기훈을 '자살 방조' 혐의로 기소하고 8월 12일 국가보안법 위반 혐의로 추가 기소했다. 강기훈에게 부정의한 수사와 재판은 물론 이러한 사법제도를 통한 악의적 낙인은 그 후에도 깊은 상처가 되었다.

결론이 정해진 재판

주심판사 노원욱, 배석판사 정일성, 이영대로 구성된 1심이 검찰의 기소 한 달 만에 시작됐다(1991년 8월 22일). 검찰이 혁노맹 사건으로 불렸던 국가보안법 위반 혐의를 추가 기소한 의도는 자명했다. 검찰은 유서대필 혐의에 앞서 혁노맹 사건을 추궁했다. 강기훈 씨는 한때 노동자 조직의 기관지 《혁명의 불꽃》에서 일한 사실은 인정했으나 혁노맹에 가입한 적은 없다고 일관되게 진술했다. 검사들은 존재도 확인되지 않는 '살부회(殺父會: 혁명은 못하더라도 서로의 아버지라도 죽여 주자는 모임. 백범일지에 언급되어 있으며 살부회로 언급됐던 인물에 의해 모임의 존재는 허위로 정면 반박된다.)'까지 거론하며 강기훈 씨를 혁명을 위해 수단과 방법을 가리지 않는 운동권으로 몰아가는 전략을 고수

했다.

　재판장 노원욱 또한 재판의 맥락에서 벗어나는 검사들의 질문을 제지하기는커녕 그들의 신문을 보충하는 듯한 질문으로 피고인을 몰아세웠다. 유서대필에 관한 신문에서도 검찰의 신문 기조에 편승하여 김기설은 지니고 다녔던 전민련 수첩이 강기훈에게는 없다는 점을 들어 피고인에게 직접 위조하지 않았는지를 반복해서 추궁했다.

　1심 재판관들은 강기훈의 글씨와 유서 글씨가 다르다는 오오니시 요시오의 감정 결과를 한글을 모르는 일본 사람의 감정일 뿐이라고 단정한 것을 포함 피고인 측에서 신청한 10여 명 증인의 진술 모두를 채택하지 않았다. 김기설의 여자 친구가 검찰의 감금 조사에서 진술한 내용을 재판정에서 스스로 번복했지만, 재판관들은 이 또한 인정하지 않았다.

　12월 20일, 열두 번째로 열린 공판에서 재판부는 강기훈에게 징역 3년, 자격정지 1년 6월을 선고했고 결국 대법원에서 위 형령이 확정되었다(대법원 1992. 7. 24. 선고 92도 1148 판결). 강기훈에게 제기된 모든 혐의를 인정한 결과였다. 재판부가 작성한 판결문은 유서 대필의 구체적인 시간과 장소도 적시하지 못한 채, 이틀 만에 전격적으로 뒤집어졌던 김형영의 필적 감정을 유일한 증거로 제출한 검찰의 공소장을 그대로 옮겨 놓은 것이나 다름이 없었다.

끝나지 않은 재판,
7년에 걸친 재심

2005년 경찰청 과거사진상규명위원회(이하 과거사위)는 일찌감치 자체 조사를 통해 유서 필적이 강기훈 씨의 것이 아닌 김기설의 것으로 보인다는 결과를 내놓은 바 있었다. 그러나 경찰청이 주도한 과거사위는 애초에 수사권이나 공소권이 없었으므로 조사 결과 발표 이상의 성과를 낼 수는 없었다. 경찰청 과거사위가 검찰에 자료 제출을 요구했지만 검찰은 응하지 않았고, 조사는 그것으로 일단락됐다.

같은 해 발족한 진실·화해를 위한 과거사정리위원회(이후 진화위)는 사설 감정 기관 7군데를 비롯하여 필적 감정 조작에 가담했던 국립과학수사연구소(현 국립과학수사연구원, 이하 국과수)에 필적 재감정을 의뢰하는 결단을 통해, 의뢰한 모든 감정기관으로부터 유서의 필적은 김기설 자신의 것이 맞으며 강기훈의 필적은 유서의 필적과 다르다는 분석 결과를 통보받았다. 2007년 말이었다.

진화위는 이를 토대로 사법부에 재심을 권고했고, 강기훈 씨와 그의 변호인단도 조사 결과가 나온 2개월여 뒤 국과수의 감정 결과를 토대로 서울고등법원에 재심을 청구했다. 이에 검찰은 '재심 불가 이유서'를 제출하며 1991년과 다르지 않은 주장을 내세우며 시간을 끌었다. 고등법원 재판부(재판장 이강원)가 재심 청구를 받아들인 것은 그로부터 1년 8개월이 지난 뒤였다. 재심 결정이 미뤄지는 그 시간 동안 강기훈 씨는 자신의 아버지를 하늘로 떠나보내야 했다. 설상가상으로 그의 어머니 또한 암 투병 중인 상황이었다.

국가폭력이 한 개인과 가족을 어떻게 파괴해 왔는지는 말을 하지 않아도 짐작 가능한 듯하지만, 막상 그들이 자신들의 피해에 어떻게 맞서고 버텨 오는지에 대해서는 알려진 것이 드물다. 강기훈 씨 어머니인 고 권태평 씨는 사건 직후 당시 기억들을 남긴 책(『너를 위한 촛불이 되어』)을 써서 남겼고, 당신의 아들이 왜 그런 삶을 택했는지를 알아야겠다는 이유로 일흔이 넘은 나이에 검정고시까지 치르며 대학에 진학하기도 했다. 불행하게도 그녀는 암투병으로 인해 대학을 1년밖에 다니지 못했는데, 영화 제작 중 그녀의 학교 생활을 취재한 바에 따르면 그녀는 늘 강의실 맨 앞자리에 앉아 수업을 들었으며, 젊은 학생들이 어머님의 노트를 빌려갈 정도로 수업에 열심이었다. 그녀가 학교를 다녔던 두 학기 평균 4점을 상회하는 성적 기록이 이를 증명하고 있었다. 암 진단을 받자마자 다른 학생들에게 민폐가 될 수 없으니 휴학계만 내라는 권유를 마다하고 자퇴서를 냈다는 이야기까지 접한 뒤엔 그녀에게서 누군가의 어머니 이상의 사람됨을 느꼈다.

2009년 9월 서울고법의 재심 개시 결정에도 불구하고, 재심 재판은 한참 동안 열리지 못했다. 검찰이 항고 절차를 밟음으로써 이에 맞섰고, 검찰의 재항고는 대법원(담당 양창수 대법관, 고영한 대법관, 박병대 대법관, 김창석 대법관)에 3년이 넘도록 결론 없이 묶여 있었다. 대법원은 2012년 10월에야 재심 일정을 확정했다. 여기서 주목해야 할 점은 대법원이 공개한 재심 개시 결정문의 상당 부분은 서울 고법이 재심 개시 이유의 핵심 증거로 제시한 '전대협 노트' 등 새로운 증거물에 대한 필적 감정의 증거 능력을 부정하는 내용을 포함하고 있었다는 점이다.

대법원은 진화위와 서울고법이 제시한 '전대협 노트, 낙서장 등'의 새로운 증거들은 뒤늦게 발견된 데다, 보관된 경위를 둘러싼 관계자의 진술 내용에 여러 의문점이 남아 있다고 밝혔고, 진화위의 주도로 이루어진 필적 감정은 유서가 김기설의 필적이라는 예단을 가지고 진행된 것으로 의심된다고 주장하고 있었다. 대법원은 오직 '국과수 소속 문서 감정인들이 허위 증언을 한 사실'만을 증명된 것으로 간주하고, 이를 근거로 재심 개시를 결정했다. 재심이 결정된 시점은 강기훈 씨의 어머니가 돌아가신 지 2년이 넘게 흐른 뒤였고, 강기훈 씨가 간암 판정을 받은 뒤 간암 수술을 받고 난 지 5개월여 뒤였다. 사건 발생 21년 만의 재심 결정이었다.

'김기설이 자신의 유서를 썼다'는 상식적 전제를 비튼 상황에서의 재심 재판장의 풍경은 뻔했다. 검찰은 21년 전과 별반 다르지 않은 태도로 재판에 임했다. 그렇게 또다시 1년이 훌쩍 넘는 시간이 흘렀다. 강기훈 씨는 재심 최후 진술문에서 다음과 같이 밝혔다.

이번 재판이 대한민국 수사기관과 사법 절차가 어느 수준인지를 가늠할 수는 있겠다는 생각에는 변함이 없습니다. 이것은 적지 않은 세월 동안 재심을 열기 위해 노력하고 그 시간을 견딘 수많은 사람들이 바라는 것이기도 합니다. 유서대필 사건이 추억에서나 존재하는 게 되길 바랍니다. 법을 다루는 전문가들이 어떤 '편견'을 가지게 되면 얼마나 불행한 일들이 벌어지는지를 생각하게 하는 참고 자료가 되길 바랍니다. 그렇게만 될 수 있다면 제가 겪어온 시절은 아무렇지도 않게 털 수 있겠다는 마음입니다.

법정에서 제가 진술하는 기회도 오늘로서 끝입니다. 너무 오랜 기간 동안 화제의 중심에 섰습니다. 이제는 좀 놓여나고 싶습니다. 잔혹한 시간들도, 끝도 없이 지속됐던 불면도, 여러 사람들을 저주하며 보냈던 시간과도 이별하고 싶습니다. 할 만큼 했구요, 잘 견뎠잖습니까. 이 정도면 과거의 잘못된 수사와 판결을 바로잡을 수 있는 기회를 준 저에게 검찰과 법원은 고마워할 만도 하다는 생각도 듭니다.

재심 법정에서도 여전히 과거의 주장을 되풀이하는 검찰에게 한 마디 남기고 싶습니다. 진정한 용기는 잘못을 고백하는 것입니다. 국민의 자랑거리가 되어야 할 검찰이 조롱거리가 된 현실의 책임은 검찰 스스로에게 있습니다.

_2014. 1. 16. 강기훈 재심 최후 진술 중에서

최초의 무죄 판결은 2014년 2월 13일 서초동 고등법원에서 선고되었다. 그로부터도 1년 3개월이 흘러 2015년 5월 14일이 되어서야 대법원의 무죄 확정 선고가 있었다. 강기훈 씨의 무죄 확정 선고를 하던 날 바로 그 자리에는, 대법관 네 명의 자리 맨 오른쪽엔 1987년 당시 박종철 고문을 축소 수사하고 은폐를 시도했던 당시 공안검사 박상옥이 '현직' 대법관이 되어 앉아 있었다. 이 재판이 그의 대법관 부임 첫 판결이었다.

아무도
한 번도
사과하지 않았다

　　　　　　　　　역대 최악의 오심이라는 평을 받
는 1992년 유서대필 조작 사건 2심 재판의 배석판사이자 은퇴 이
후 한국대학교교육협의회 대학윤리위원·회장을 역임한 뒤 새누리
당의 윤리위원장으로 내정되었던 부구욱은 강기훈 씨가 재심 고등
법원에서 무죄를 받았을 때, 2014년 2월 SBS의 〈현장 21〉팀과의
인터뷰에서 이렇게 밝힌 적이 있다.

　"나는 아직도 깅기훈 씨가 범인이라고 생각한다." "그때(92년)의
판결 이후로는 분신이 사라졌던 것을 기억한다."

　그가 전직 판사였다는 사실이 무색하게 법적 판단을 존중해야
할 법치국가의 국민이라는 사실을 자각하고 있는지를 의심하게 되
는 발언이 아닐 수 없다. 박상옥 대법관이 포함된 재심 대법원 무

죄 판결까지 전면으로 폄훼할 수 있는 법 해석의 권위는 어디로부터 나오는 것인가?

유서대필 조작 사건의 수사 지휘를 한 검사는 강신욱 부장검사를 필두로 하여 주임검사 신상규, 수사검사는 송명석, 안종택, 남기춘, 임철, 곽상도, 윤석만, 박경순 등 9명이다. 재심이 결정되고 대법원에서 최종 무죄가 결정되기까지 단 한 명도 사과한 적이 없음은 물론이다. 이들 또한 이 사건 이후 승승장구하면서 요직을 거치는 경우가 많았다. 2004년 서울 고검 재직 당시 사망한 송명석을 제외하면 모두 지금도 변호사로 활동하고 있다.

유서대필 사건의 대법 판결까지 판사는 모두 10명이다. 이들 모두 재심으로 무죄가 선고된 이후 한 번도 사과한 적이 없으며 30년이 지난 지금까지 모두 변호사로 활동하고 있다.

1991년 당시 1심은 서울형사지법에서 담당했다. 재판장은 노원욱 부장판사, 정일성·이영대 판사가 배석판사였다. 2심 서울고법 임대화 부장판사와 윤석종, 부구욱 배석판사가 맡았다. 상고심 박만호 대법관을 주심으로 김상원·박우동·윤영철 대법관이 강기훈 씨의 유죄를 확정했다.

유서대필 사건 검사와 판사 들의 그 이후, 그리고 2021년 현재

■ 담당 검사들

부장검사 강신욱(1944~)   서울지검과 대구고검, 서울고검 검사장,
2000~2006년 대법관. 2007년 박근혜 대선캠
프에서 법률지원특보단장. 현재 변호사.

주임검사 신상규(1949~)   서울지검 특수2부장, 대구지검 2차장, 서울지
검 3차장, 창원지검장, 광주고검장 등. 2009년
퇴임 후 변호사 개업. 동덕여대 이사장 재직.

윤석만(1957~)   대전지검 특수부장검사, 사법연수원 교수. 2008년 대
전 동구에 한나라당 후보로 출마 후 낙선. 현재 법무
법인 여명 변호사.

안종택(1955~)   공안부 수석검사로 강기훈을 국가보안법 위반으로
추가 기소. 2005년 춘천지검 검사장 후 퇴임. 현재 변
호사.

남기춘(1960~)   대검찰청 중수부 과장, 서울중앙지검 특수2부장, 대
검찰청 공판송무부장, 울산지검장, 서울서부지검장.
1997년에 청와대 파견 근무. 2011년 퇴임 후 변호사
사무실 개업. 2017년 박근혜 비대위원장이 출범시킨
새누리당의 대선 기구 정치쇄신특위에서 클린위원장.

임철(1955~)   퇴임 후 변호사 활동. 2008년 대구에서 새누리당 국

회의원 공천 신청.

박경순(1953~)   퇴임 후 박경순 변호사 사무실 개업.

곽상도(1959~)   2008년 퇴임 후 변호사 사무실 개업. 박근혜 정부 첫

　　　　　　　　　청와대 민정수석. 2020년 대구에서 국회의원에 재선.

송명석(1956~2004) 서울고검 재직 시 사망.

■ 판사들

(1심)

부장판사 노원욱(1936~)　법무법인 로스타(대정) 변호사.

배석판사 이영대(1962~)　변호사.

배석판사 정일성(1958~)　법무법인 로고스 변호사.

(2심)

부장판사 임대화(1942~)　대전지방법원장. 2001년부터 변호사.

배석판사 윤석종(1954~)　변호사.

배석판사 부구욱(1952~)　2001년 퇴임 후 영산대 총장 부임. 2016년 새누

　　　　　　　　　리당 중앙윤리위원장에 임명.

(상고심)

대법관 박만호(1936~)　1997년 퇴임 후 변호사 사무실 개업.

대법관 박우동(1934~)　1992년 퇴임 후 변호사 사무실 개업. 현재 법무

법인 제승 고문변호사.

대법관 박상원(1933~) 1988년에서 1994년까지 대법관. 현재 법무법

인 한누리 고문변호사, 학교법인 호서학원 이사

장, 학교법인 운화학원 이사장.

대법관 윤영철(1937~) 변호사를 하다가 2000년 헌법재판소 소장 임

명. 현재 법무법인 로고스 상임고문 변호사.

손해배상 청구소송의 실체

앞에서도 강조했지만 강기훈 씨는 아직까지도 당시의 가해자 어느 한 사람에게서도 반성이나 사과의 이야기를 들은 바 없다. 오히려 당시 검찰들과 판사들은 아직도 자신의 결정이 틀리지 않았었다는 허언을 망설임 없이 쏟아내고 있었다. 대한민국의 개인으로서 그들에게 책임을 물을 수 있는 유일한 합법적 방법은 손해배상 청구 재판뿐이었다.

이 또한 1심부터 3심까지 감당해야 하는 과정으로 피해자로서는 당시의 고통스러운 기억들을 다시 떠올려야 하는 과정임은 몇 번 말해도 지나치지 않는다. 강기훈 씨는 폭력의 당사자인 국가를 포함하여 유서대필 조작을 주도한 공직자 개인에게도 손해배상 소송을 제기했다. 이 또한 모두에게 책임을 물은 것이 아니라 국과수의 감정인과 당시 검찰 측 책임자인 강신욱과 신상규에 국한된 것이었다.

2017년, 7월 6일의 민사배상 1심 판결은 국가와 국과수 감정인에게만 배상 책임을 묻고 당시 검찰들에게는 배상 책임을 묻지 않았다. 재판부는 "국과수 감정이 잘못됐다는 것이 밝혀진 2015년 재심 판결이 확정되기 전까지는 손해배상 청구를 하기 어려운 객관적 장애 사유가 있었다"는 취지로 감정사 김 씨의 책임을 인정했지만, 검찰의 책임은 빠져 있었다. 통상 수사관이 전달하는 증거 자료를 검사 수 명이 우르르 몰려가 감정사였던 그를 압박하고 감정 결과를 받아 낸 정황을 기억한다면, 이러한 재판 결과는 손바닥으로 하늘을 가리는 것과 다름이 없었다.

이를 보도하는 언론의 태도 또한 1991년의 그것과 크게 다르지 않았다. 이 사건을 다루는 데 있어서 몇 억 하는 배상액이 헤드 카피로 올라간다거나, 검찰의 언론플레이에 가까운 항소 포기 이유만이 큰 글씨로 보도됐다. 인심 베풀 듯 "국가 배상 책임을 인정한 원심의 판단을 존중하"면서 "분쟁의 조기 종식을 통한 신속한 권리 구제 등을 고려"했을 리 만무한 그들의 항소 포기 이유가 거짓이라는 점은 이 사건이 진행되어 온 추이만 잠깐 살펴보아도 쉽게 알 수 있었다. 법원의 판단을 존중하는 이들이었다면 국가기관이었던 진실화해위원회가 제기함으로써 애써 이뤄진 법원의 재심 개시 결정에 재항고를 했던 검찰의 당시 입장은 어떻게 설명해야 하는가?

재심 제기 과정에 명백한 법률적 결함이 있어야만 제기할 수 있는 재항고를 얼씨구나 받아 재심 개시를 3년이나 질질 끌던 당시 대법원의 법관은 어떤 사람이었는가? 비뚤어진 대한민국의 사법 체계와 검찰의 과거 행위에 명백한 반성이 없이 서로의 지위를 철옹성같이 지켜 내는 일들만을 반복하면서, 당연한 일뿐인 판결과 절차에 버터를 발라 언론에 뿌린 것으로밖에 보이지 않았다. 검찰과 언론의 이러한 공조 플레이는 강기훈 씨가 감옥에서 나온 뒤로도 감내해야 했던 반복된 가해 중 하나일 뿐이다.

1년 뒤 2심의 판결도 선고됐다. 1심에 이어 2심도 국가의 배상 책임을 인정했다. 2018년 5월 31일 서울고등법원 민사4부(재판장 홍승면 부장판사)는 "국가는 8억 원의 위자료를 지급하라"는 내용을 포함해 원고 일부 승소를 판결했다. 그러나 선고 결과는 1심에 비해 오히려 후퇴한 것이었다. 항소심은 "강씨 등이 오랫동안 (손해배상 청구) 권리를 행사할 수 없던 사정을 두고 김씨에게 책임을 물을 수는 없다"고 판단했다. 항소심은 당시 사건을 수사한 검사 2명이 필적 감정을 조작하는 과정에 개입했다고 보기 어려우며, 강압 수사 의혹 부분도 시효가 만료돼 책임을 묻기 어렵다고 본 1심 판단을 그대로 유지했다.

항소심 재판부가 당시 강력부장 강신욱과 주임검사 신상규 그리고 국과수 감정인 김형영에게 배상 책임을 물을 수 없는 이유로 내세운 것은 "강씨와 가족들이 재심 절차를 거치지 않고 소제기를 할 것을 기대할 수 없었다거나 이를 위법 수사를 통해 허위 자백을 받아내고 그 자백이 주요한 증거가 돼 유죄가 선고된 사건과 같다고 볼 수 없다"는 것이었다. 이것은 사건 자체에 대한 실체적 판단보다 소멸 시효가 완성됐다는 것 하나로 책임이 없음을 결정한 것이었다. 쉽게 말하자면 유서대필 조작 사건이 있은 지 3년 내에 소송을 제기했어야 배상 책임을 물을 수 있다는 뜻이었다.

이제 남은 것은 대법원의 판결이다. 사건의 실체가 세상에 뻔히 드러난 그 순간에도 검찰과 사법부는 30년 전의 오류를 깨끗이 인정하기는커녕 사건을 찢어서 실체를 사라지게 하는 특유의 역할만을 반복해 왔을 뿐이다. 이것은 아직까지 진행 중인 사건이고, 잘못된 역사를 바로잡을 기회는 여전히 남아 있다.

05.
그 후로 오랫동안
돌아오지 못한
사람들

1985년 9월 17일,
송광영

악법으로 복종을 강요할 수 없다

몸이사 이제 싸늘하게 식었지만 그
맴이사 어디 식겠어. 어림 반 푼 없는 소리제. 이 에미 가슴 이리
불붙는디. 그 맴이 어찌 식겠어….

_송광영의 어머니 이오순

비가 내리던 1985년 9월 17일, 성남 모란시장 건너편에 자리한
경원대 법학도 송광영이 휘발유를 몸에 뿌린 뒤 '학원악법 철폐하
고 독재정권 물러가라', '광주학살 책임지고 전두환은 물러가라' 구
호를 외치며 분신했다. 그는 과거 YH무역이 있었던 건물에 위치한

서울기독병원으로 옮겨져 치료를 받았으나, 공권력의 감시 속에서 한 달이 넘도록 병상에 누워 있다가 같은 해 10월 21일, 어머니 이오순의 오열 속에 숨을 거뒀다.

전두환 정권 후반기였던 1985년에 치러진 12대 총선에서는 김영삼, 김대중의 지원으로 만들어진 신민당의 돌풍이 있었고, 대학생들의 서울 미국문화원 점거, 대우 노동자들로부터 비롯된 노동쟁의 등 사회 곳곳에서 민주화 열망이 꿈틀대던 시기였다. 전두환 정권은 문교부에 준사법적 성격의 '학생선도교육위원회'를 설치하고, 학원 소요와 관련된 형사 처벌 대상자들을 일정한 장소에 수용해 6개월 이내의 선도 교육을 시킨다는 내용의 '학원안정법'으로 사회 병영화를 시도했다. 삼청교육대와 별반 다르지 않은 그 입법안은 보수 야당 대표마저도 반대하는 분위기 속에서 그해 8월 중순 입법 연기가 발표되어 유보되는 듯했다.

모든 싸움이 그렇듯, 뉴스로서의 효용가치가 떨어졌다고 해서 일단락되는 싸움은 없다. 당시 문교부 장관은 소요가 계속될 경우 언제라도 법안 제정을 추진하겠다고 공언했으며, 아니나 다를까 학내 시위에는 개입을 하지 않던 전경들은 2학기가 되자 대통령 지시를 근거로 캠퍼스 내로 진입해 시위 진압을 시작했다. 바로 곁을 스멀거리던 국가폭력에 송광영은 '결코 총칼이나 학원안정법 따위의 악법으로 복종을 강요할 수 없음을 엄중히 경고한다'는 내용의 양심선언을 유서로 남기고 자신의 희생으로 맞섰다. 대학생

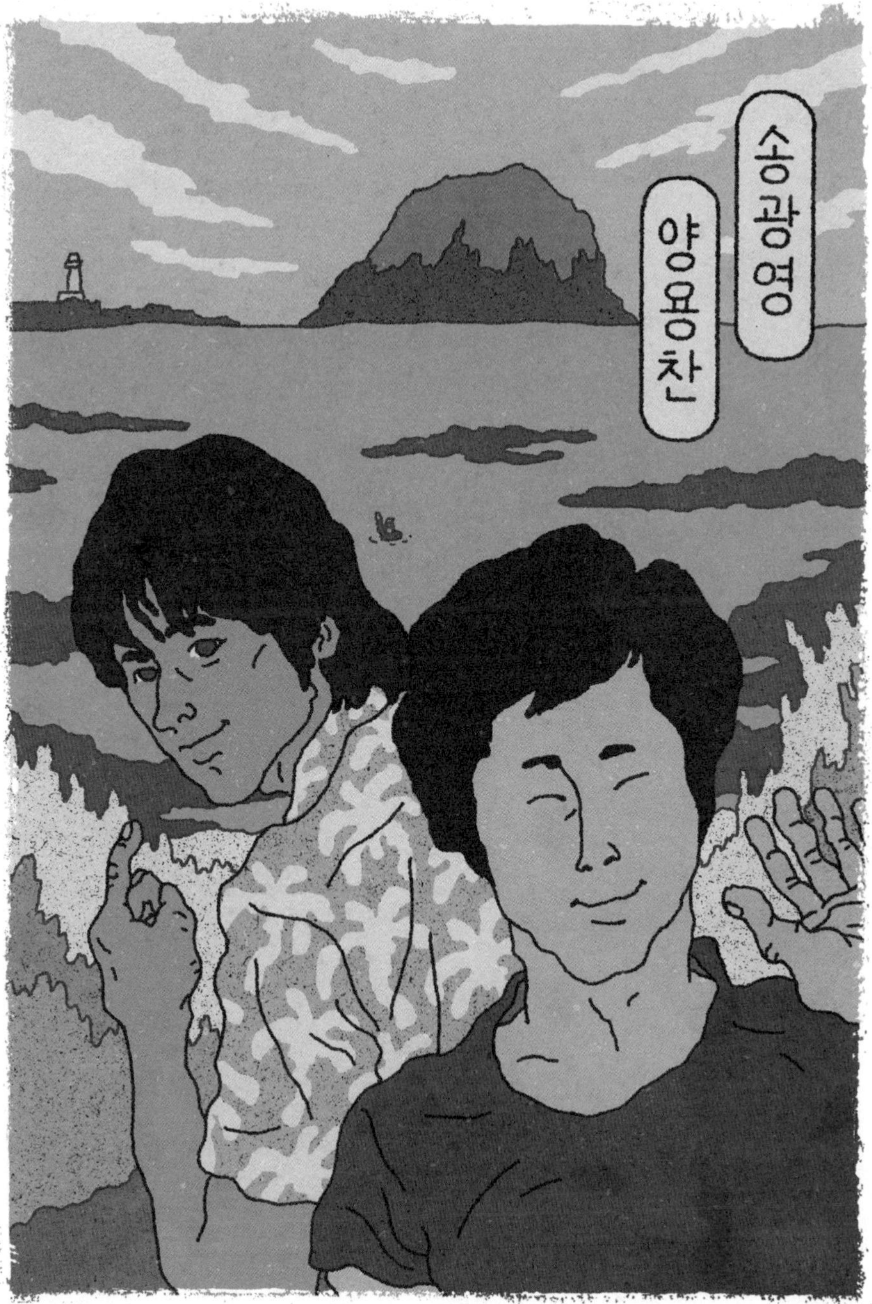
송광영
양용찬

신분으로 분신자살을 한 것은 그가 처음이었다.

다시는 이 땅에 이러한 악순환이 되풀이되지 않기를

송광영은 만 16살이 되던 해, 중학교를 졸업한 뒤 양복점에 취직했다. 집안의 막내였던 그는 십 대의 나이로 재봉보조원 일을 하며 청계노조에서 활동했고, 형들이 학교를 마치고 자리를 잡을 때까지 군복무와 생계를 이어 가면서 검정고시를 치른 뒤 1984년, 스물여섯 나이가 되어서야 늦깎이 대학생이 될 수 있었다. 그는 검정고시 학원에서 받은 장학금 1만 5,000원을 구두닦이에게 모두 줘버린 뒤, 어머니께 핀잔을 들었지만 "우리는 집도 있고, 좋은 성적을 받은 것으로 만족한다"고 눙쳐 버리는 그런 사람이었다. 그가 법학을 택한 것도 어머니를 비롯해 그의 짧은 생에서 만나 온 사람들을 지키기 위한 것이라는 말을 남기기도 했다.

그가 경원대에 입학하던 해 가을, 학내에는 비민주적인 재단 운영으로 분규가 잦았다. 어용 교수 퇴진 시위를 이끌게 되면서 그의 대학 생활은 늦깎이 법학도가 가져야 할 평화와 거리를 두게 되었다. '실존주의철학연구회', '경제문제연구회' 등 학회를 만들며 학생운동을 주도한 그는 1985년 여름, 광주항쟁 시민군 출신으로 광주학살 책임자 처벌을 외치며 전남도청 앞에서 분신한 노동자 홍기일의 외로운 죽음을 접한 뒤, 대학생 신분으로는 처음 분신자살을 결행했다.

그의 죽음 이후, 상계동에서 꽃집을 하던 어머니, 월남 파병 후 고엽제 피해자가 된 형의 삶도 바뀌었다. 그의 죽음은 당시 한국 사회가 은폐하고 외면해 온 많은 모순을 한 몸인 듯 안고 있었다. 그래서일까? 당시 1,000여 공권력이 동원되어 그가 안치된 병원에 상주하며 감시했다. 그러나 그 야단법석이 무색하게도 그의 죽음은 어느 언론에도 기사 한 줄 실리지 않았고, 대책위원회 관계자들을 모두 연행하는 등 경찰의 계속되는 방해 속에 장례식과 영결식도 없이 안장되었다.

이후 그의 기일이 다가올 때마다 그를 기리고자 하는 추모 행동들은 혐오를 수반한 폭력에 반복적으로 노출되었다. 1996년에는 학교 학생과장과 장학복지과장에 의해 그의 추모비가 충북 음성에 버려졌다가 전국민족민주유가족협의회 부모님들과 학생들이 두 달여의 농성 끝에 되찾은 일이 있었고, 2010년에는 총학생회 간부가 추모사업회를 진행하는 동아리방에 난입해 폭력을 휘두르는 일도 일어났다.

1990년대 이후 분신으로 인한 희생자 명단에는 경원대의 학생 이름이 유독 많았다. 1991년에는 5월 송광영을 그림으로 기리던 천세용이 분신했고, 1995년 학원자주화추진위원회 위원장 장현구는 학교의 고소로 경찰에 끌려가 고문을 받다가 후유증 끝에 송파 사거리에서 스스로 몸에 불을 붙였다. 1996년에는 진철원이 사학

재단 운영에 항의하며 총여학생회실에서 분신했다.

'그때만 해도 웬만한 학생들은 군사 독재에 맞서 수업 거부를 하고 뛰쳐나갔다'라거나 '너나 할 것 없이 최루탄 연기 속을 내달렸다'는 식의 영웅담이 넘쳐나는 속에서 그의 죽음에 대한 당시 사회의 침묵은 지금 무엇이 되었을까? 소외된 모든 주권자를 대변하려던 민주의 이름은 지금 누구를 지키는 이름이 되었을까? 영화 〈1991, 봄〉의 마지막 촬영 일정은 학교 교정에 나란히 서 있는 송광영과 천세용의 추모비를 카메라에 담는 것이었다.

경원 투사들에게

너희들은 내가 좋아하고 사랑한 만큼

내가 너희들의 사랑을 받을 수 있을지 모르겠다.

허지만 누구보다 앞장서 싸워 온 나를 누구보다

자연스럽게 여기기에 내 죽은 이후 너희들에게

할 일을 부여할 수 있을지도 모르겠다.

다시는 이 땅에 이러한 악순환이 되풀이되지 않기를

바라면서도 이 싸움이 너희들에 의하여 끝맺어지기를

바랄 수밖에 없는 이율배반적 현실이 슬프기도 하다

열심히 공부해라! 못난 선배처럼 확고한 이론적

바탕을 이루지 못한 것을 철저히 비판해라.

짧은 생 미련은 없으나 너무나 아쉬운 것이 많다.

이루지 못한 일들 넘겨줄 수밖에 없는 것을

미안하게 생각한다.

-1985. 9. 1 송광영

1988년 7월,
문송면

2017년 늦가을부터 시작됐던 탄
핵 국면이 겨울 한 계절을 꼬박 채웠고, 대한민국은 임기 내내 무
능과 부패로 점철됐던 대통령을 해고했다. 광화문에서 SNS에서 직
장에서 이 나라의 헌법적 가치를 지켜 낸 주권자들은 차기 대선 후
보들의 동정과 결과 예측에 몰두하고 있는 뉴스들을 보며 어떤 생
각들을 했을까?

그렇게 망연한 시간이 흐르던 어느 날 유력 대선후보 캠프에서
노조 혐오 발언이 새어나왔다. 삼성 기흥 반도체 공장 노동자들의
백혈병 문제와 관련해 500일째 본관 앞 시위를 하고 있는 노동시
민단체 '반올림'에 대해 전문 시위꾼, 귀족 노조 같은 단어로 그들
의 싸움을 폄훼하다 못해 '용서가 안 된다'는 말까지 달려 돌아다녔

다. 2017년의 대한민국이 중세의 왕국이 아니라는 것만을 증명하기 위해 한 겨울 촛불집회에 주말을 반납했던 것은 아니었을 텐데 왜 이토록 반복해서 헌법에 있는 정당한 권리와 가치 들이 왜 법전 밖에서는 없는 것처럼 느껴질까? 망각과 혐오 사이에서 조리돌림 당하는 반올림을 보며 한 노동자의 죽음이 그 위로 겹쳐졌다.

열다섯 살 노동자

2015년 가을, 경기도 마석의 모란공원 묘지를 촬영하다가, 만들고 있는 영화와 전혀 관련이 없는 한 묘소 앞에 한참을 서 있게 되었다. 그 묘지 앞에 쓰인 주인의 나이는 16살. 그가 1973년 2월생이니 나와는 같은 학년이었을 연배였다. 그가 이 땅에 머물렀던 시간은 1988년 7월 2일에 멈춰 있었다. 1987년 그 많은 사람이 서울 시내를 가득 채우고 대통령 직선제를 쟁취한 지 1년여 뒤의 일이었다. 온 나라가 민주화에 올림픽에 자신감에 차 있던 시절, 영등포의 협성계공이라는 작은 공장에서 온도계와 압력계를 만들어야 했던 16살 소년 문송면은 남모르는 죽음을 맞이해야 했다. 수은 중독이었다.

충남 서산에서 태어나 태안에서 학교를 다녔던 문송면은 낮에 일하는 대신 밤에는 학교를 다닐 수 있다는 말에 1987년 12월 5일 영등포의 한 공장으로 상경했다. 그는 수은 수증기가 가득 찬 작업

211

실에서 액체 수은을 온도계에 주입하는 일을 맡았다. 해가 바뀌고, 일을 시작한 지 한 달이 좀 넘었을 뿐인데 잠이 오지 않고, 밥이 넘어가지 않았다. 고열에 두통도 겹쳐 왔다. 1988년 1월 20일 16살 소년이 이 사회에 처음 요구했던 것은 몸이 아프니 쉴 수 있도록 휴직계를 내도록 해 달라는 것이었다. 이에 회사 측은 16살 소년에게 '공장 근무로 인한 상해가 아니'라는 각서를 요구했다. 그는 다시 업무에 복귀했다. 두 달만 참으면 고등학생이 될 수 있었다.

그러나 그는 다시 보름 만에 앓아누웠다. 휴직계를 내고 한 달 조금 넘은 노동의 대가를 받았다. 의료보험료 1,900원과 식대 2만 3,850원을 제하니 7만 5,050원이 그의 손에 쥐어졌다. 그리고 간호를 받기 위해 귀향한 고향집에서 그는 전신 발작을 일으켰다. 읍내 병원과 서울 병원을 가 봐도 알 수 없었던 그의 정확한 병명을 들을 수 있었던 곳은 서울대 소아 병동이었다. 그의 혈액에서 수은과 구리가 검출되었다.

의사 박희순은 당시 진보적 의료인들이 만든 산업재해 전문 병원 구로의원의 상담실장 김은혜에게 문송면의 일을 알렸다. 공장에 항의하고, 정부에 산업재해 신청을 했다. 그의 요구를 받아주는 곳은 아무 데도 없었다.

5월 11일, 그의 일을 최초로 지면에 실은 사람은 《동아일보》의 임재춘 기자였다. 정치인 중에는 당시 평민당의 대표였던 김대중 전 대통령이 그의 병실을 방문했다. 국회 노동위에서는 국회의원 노무현, 이상수, 이해찬이 이 문제를 제기했다. 고 신영식 만화가도 만화잡지《보물섬》에 그의 사연을 그림으로 실었다. 1988년 6월 29일은 노동부가 그의 산업재해를 인정한 날이었다. 그리고 사흘 뒤, 문송면은 16살의 나이에 눈을 감았다.

그의 죽음은 이 사회를 한발 앞으로 내딛게 했다. 그의 죽음 이후 산업재해 전문 병원인 녹색병원이 세워졌고, 현장에서의 산업재해 교육을 포함한 산업안전보건 대책의 수립과 직업병 판정위원회 설립 등 법적, 제도적 변화까지 만들어 냈다.

부유하는 헌법적 가치, 노동 3권

문송면의 묘지 위로 볕이 높게 들던 시간, 나는 삼성전자서비스 노조지회를 설립하려다 스스로 목숨을 끊은 노동자 최종범의 1주기 추모제에 모인 사람들을 마주쳤다. 2014년 그해 삼성서비스 노조에서는 염호석이라는 또 다른 삼성전자서비스의 노동자가 정동진에서 유서를 남기고 목숨을 끊었다. 엄연히 헌법에 보장된 노조 하나 만들어 보겠다고 자신의 숨을 끊어야 하는 현실은 얼마나 반복되어야 더 이상 일어나지 않게 될까?

하물며 반올림이 제기하고 있던 문제는 노동 3권을 넘어 보편적 생존권에 닿아 있는 것이었다. 산업재해로 싸우고 있는 노동시민단체를 전문 시위꾼이라고 매도한 말들은 이 사회를 장애물 없

214

이 배회한다. 노동자를 향하는 혐오는 권력자를 향한 숭배보다 노골적으로, 그것도 빈번히 이루어진다.

1990년 6월 5일,
김수경

1990년 6월 5일 대구 경화여고, 오후 5시를 살짝 넘은 시각. 고3 수험생 수경이는 청소 시간에 짬을 내어 친구 소연이와 교문 앞 문구사에 들르려던 참이었다. 열 명 남짓의 학생이 드나들던 교문 앞에서, 체육교사 서 모 선생이 수경이와 소연이를 불러 세웠다. "너희같이 기분 나쁜 놈들은 처음이야"라는 폭언과 함께 시작된 구타는 체육실 앞까지 이어졌다. 많은 학생들이 보는 앞이었다.

선생은 눈물을 흘리는 소연에게 수돗가로 씻으러 가라고 했고, 혼자 남은 수경에게 퇴학 처분의 가능성 등을 언급했다. 학생회 총무부장이던 수경은 음악실에 쓰러져 있던 소연을 집에 데려다준 뒤, 학교로 돌아와 짝꿍에게 학생회장이자 친구인 은남에게 "어렵

216

더라도 학교를 잘 이끌어 가라"는 내용을 써 둔 편지를 전해 달라고 부탁한 뒤 7시쯤 학교를 떠났다. 그녀는 고2 담임 선생님께도 편지를 부쳤고, 그 후 영남대로 향했다. 수경이는 인문관 4층 옥상에 생전 마지막으로 머물렀다. 그가 몸을 던진 곳에는 부모님께 남긴 16절지 크기의 유서가 놓여 있었다. 그의 부모님 또한 교사였다. 그가 차가운 바닥에서 발견된 것은 밤 11시가 조금 넘은 시간이었다.

전교조 교사 대량 해직 사태와 고등학생운동

성적 때문에 비관 자살했노라고 왜곡되는 게 싫어 유서를 남깁니다.

지금으로부터 32년 전인 1989년 5월 28일. 연세대에서 1년여의 준비 끝에 전국교직원노조가 결성되자마자 그들이 처음으로 해야 했던 일은 스스로를 지키는 일이었다. 600개 분회 2만여 명의 조합원으로 출범한 지 한 달 만에 1,500여 명이 해직되는 국면으로 이어졌고, 대구 경화여고도 6명의 교사가 해직되었다. 그중에는 당시 고2였던 수경이의 담임선생님도 포함되어 있었다. 수경이는 그 반의 반장이었다. 그녀는 해직 교사들에 대한 징계 철회를 요구하는 크고 작은 10여 차례의 학내 시위를 이끌었다. 전교조 자료에

의하면 교육 당국의 조기방학 시도에도 불구하고 1989년 여름 전 국적으로 211개 학교, 34만 명의 학생들이 징계 철회 시위에 참여 했다고 전해진다.

전교조 교사 대량 해직 사태로 인한 일시적 해프닝 정도로만 언 급되는 고등학생운동(이하 '고운')의 실체는 민주화 과정에서 거의 언 급되지 않았던 것이 사실이다. 1987년 6월 민주항쟁 이후 고등학 생들만의 자생적인 민주화운동의 흐름이 있었다는 점을 상기할 필 요가 있다. 당시 학생회 직선제를 비롯해 학생들 스스로 제기한 학 내 민주화 요구가 많은 학교에서 실현되었고, 1987년 대선 국면에 서는 서울지역고등학생연합회가 명동성당에서 부정선거 항의 농 성을 펼치기도 했다.

해직 사태가 있고 난 뒤 김수경 또한 학생회장 선거 출마를 준 비했었다. 학교 측 후보에 맞서 표 분산을 우려한 친구 차은남 선 거운동본부의 제안을 받아들여 후보를 양보하고 찬조 연설까지 하 며 학생의 의견을 대변할 수 있는 학생회를 꾸린 수경이었다. '빨갱 이', '운동권' 등의 수사를 붙여 가며 수경을 비인격적으로 대하는 미성숙한 존재들은 고등학생이 아닌 어른들이었다. 수경의 장례식 이 있은 다음 날 오전, 학교 측은 학생 조회를 열어 수경이의 친구 들인 고3을 제외한 1~2학년 학생들을 세워 두고, 성격 파탄자, 동 맥을 끊은 자국 등을 언급하며 고인을 폄훼하였다.

그해 충주고 휴학생 심광보를 비롯한 고등학생의 희생이 연달아 이어졌다. 그다음 해 1991년 5월 분신 정국에서는 전남 보성고의 김철수가 참교육을 외치며 분신했고, 당시 분신했던 8명 중 박승희, 김영균, 천세용, 김철수 4명은 고운에 참여한 이들이었다. 분신 정국을 수습하고자 노태우 정권이 등용한 총리는 전교조 해직 사태를 주도했던 문교부 장관 정원식이었다.

고운의 정신, 그리고 청소년 인권운동

2004년 김수경은 민주화운동 관련자로 인정받았고, 그 이듬해 대구 경화여고 졸업식에서 명예 졸업장을 받았다. 한 세기가 바뀌면서, 학생인권조례 제정 운동과 선거 연령을 18세로 낮추는 공직선거법 개정 운동을 거치면서 고운이라는 이름도 청소년 인권 운동이라는 이름으로 진화했지만, 사회 구성원으로서 엄연히 존재하는 학생, 청소년 들의 요구는 여전히 사회의 관심으로부터 빗겨나 있는 것이 현실이다. 수경이의 학교가 있는 대구에서는 박근혜 정부 여가부 장관 출신으로 국정교과서, 정유라의 이화여대 특혜 입학, 국정 역사교과서, 한일 위안부 합의에 대한 옹호 전력이 있는 강은희 후보가 교육감으로 당선되었다.

그럼에도 불구하고 '고등학생운동'이라는 단어가 한 시대에만 고립되어 있을 사어(死語)가 될 것이라는 주장은 단견이 될 수 있다. 학생 시절을 보낸 고등학생 활동가들도 30여 년 전의 자신만큼의 자식들을 가진 성인이 되었다. 그들 중 많은 수가 대학, 노동, 시민 단체, 정당의 주력 활동가로 성장했다.

누구도 대신해 주지 않을 것 같았던 그들의 이야기는 고운에 참여한 사람들 그들 스스로의 손으로 기록되었다. 하명희의 소설 『나무에게서 온 편지』, 박명균 수필집 『나는 언제나 술래』에는 고운에 참여한 기억들이 고스란히 담겨 있다. 양돌규의 석사 논문 「민주주의 이행기 고등학생운동의 전개과정과 성격에 관한 연구」는 당시 고운과 현재 청소년 인권운동의 맥락을 촘촘히 총괄하고 있다.

1991년 3월,
동우전문대 이야기

의문사와 지연된 정의

1990년 3월 28일 새벽 2시경 강원도 속초시 노학동 도로공사 근처에서 동우전문대학교 총학생회장 김용갑(당시 25세)이 승용차에 치여 사망했다. 사건이 있기 넉 달 전, 그가 압도적 표차로 총학생회장에 당선되자 학교 측은 조직폭력배 출신 두 사람을 교직원으로 채용하여 총학생회를 압박하고 총학생회장 사퇴를 종용하고 있었다. 그런 상황 속에서도 김용갑은 겨울방학 동안 10여 개의 학내 복지 개선을 따냈을 뿐만 아니라 재단의 부동산 투기, 장학금 비리 등에 문제 제기하는 등 거침없이 학교에 맞서 왔다.

1990년 1월 22일 민자당 3당 합당 선언이 있은 지 2개월 뒤, 학교가 주도해 온 학내 폭력은 점점 집요하고 노골적이 되어 갔다. 폭력배들은 총학생회가 개최하는 행사마다 들이닥쳐 학생회 간부들에게 위협과 폭력을 가했다. 3월 초 신입생 환영회가 있던 날, 학생처의 사주를 받은 폭력배 10여 명이 총학생회 간부를 유스호스텔에 가두고 마구잡이로 폭행한 일을 비롯해, 김용갑은 그해 3월에만 총 일곱 차례의 폭행을 당했다. 그중 한 교직원은 학생들이 보는 앞에서 "차로 갈아 버리겠다. 갈아 버려 봤자 6개월이면 풀려난다"고 위협을 가하기까지 했다.

그러나 총학생회 발대식을 하루 앞두고 일어난 김용갑의 사망 사건은 단순 교통사고 건으로 처리됐다. 학교 측의 교사(敎唆) 혐의에 대해 학생들의 증언과 호소가 이어졌고 경찰은 최소한 협박죄로라도 그들을 조사하겠으니 이 사실을 밖으로 알리지 말라고 당부했다. 그러나 결국 두 교직원에 대한 조사는 이뤄지지 않았다. 그를 죽음으로 몰고 간 운전자는 자수를 했고, 교직원의 말마따나 운전자는 2심에서 집행유예로 풀려났다.

"김용갑의 사인을 규명하라!"

1991년 3월 19일, 김용갑의 첫 번째 추모제가 열리기 일주일 전, 또다시 폭력배 10여 명이 추모제를 논의하던 동아리연합회를 급습했다. 당시 동아리연합 회장이던 정연석은 학교의 제적 처리에도 불구하고 학원의 폭력과 비리 척결을 목표로 하는 싸움을 손에 놓지 않고 있었다. 폭력배들은 추모제를 하지 말 것, 동아리연합 회장직을 자신들에게 넘길 것을 요구하며 위협을 가했다. 소란이 일자, 이제껏 머뭇거렸던 학생들은 너나 할 것 없이 달려와 폭력배들에게 몸을 날렸다. 불리함을 느낀 폭력배들은 '두고 보자'는 협박을 남긴 채 쫓기듯 돌아갔고, 피투성이가 된 학생들은 서로를 부둥켜안고 처음 얻은 작은 승리에 흐느꼈다.

　다음 날, 폭력 사태에 항의하고자 1,500여 명의 학생이 모여 '학내 폭력 척결과 부패·비리 재단 퇴진을 위한 결의대회'를 개최했다. 그러자 교내에 머물고 있던 폭력배들은 다시 각목과 쇠파이프를 들고 학생들이 모인 집회장으로 난입했다. 곧이어 정연석 동아리연합 회장이 그 아수라장 한복판으로 들어갔고, 또다시 집중적인 폭력이 그에게 가해졌다. 수많은 학생이 각목에 맞아 쓰러지는 가운데, 몇몇 학생이 그를 가까스로 대피시켰다.

　잠시 후, 정연석은 구호를 외치며 다시 집회 현장에 나타났다. 자신의 몸에 시너를 부은 채였다. "학원폭력 근절하고 이사장을 처벌하라!", "김용갑의 사인을 규명하라!" 어떻게 해도 나아지지 않는다는 무력감과 학교의 부차별석 폭력에 그의 분노는 삽시간에 불길로 타올랐다. 다급히 정연석의 몸에 붙은 불을 끈 학생들은 충격적인 그 현장을 일주일 넘도록 지키며 학교의 폭력 사태에 항의했지만, 학교 측은 휴교 조치로 입막음을 했다.

3월 28일 새벽, 학교 측은 이번에도 폭력배들을 동원해 현장을 지키고 있던 학생들을 쫓아냈다. 이후 시위를 주도한 6명의 학생을 구속하고, 20여 명을 수배했다. 1991년 3월, 동우전문대에서 벌어진 그 일은 3당 합당 이후의 정권이 공안 몰이의 명분으로 내세웠던 '범죄와의 전쟁'이 무엇이었는지 적나라하게 보여 주는 것이었다.

"죽음이 이 현실보다 힘들어 보이지 않았다"

영화 〈1991, 봄〉의 역사적 상처들이 새겨진 지 올해로 30년째가 된다. 많은 이들이 그 기억의 시작을 명지대 신입생 강경대가 공권력의 쇠파이프에 맞아 사망했던 날을 꼽지만, 나는 강경대의 희생이 있기 직전, 속초에서 벌어진 그 일들에 대한 기억 또한 덧대어져야 한다고 믿는다. 이 이야기는 30년이 지나도록 가시지 않는 시대적 통증이 어떻게 비롯되었고 또 남아 있는지에 대한 선명한 징후이자, 지난 세월 많은 이들의 기억 속에 공백으로 남겨진 이야기이기 때문이다.

생존자 정연석은 1991년이 자신이 다시 태어난 해였다고 회상한다. 당시 왜 분신을 택했느냐는 필자의 우문에 그는 "죽음이 이 현실보다 힘들어 보이지 않았다"고 답했다. 분신 후 원주 기독병원으로 이송된 그는 한 달 반이 넘는 시간을 병상에서 보냈다.

그는 훗날 자신이 병상에서 일어나 다시 삶을 살아갈 수 있었던 것은 "당시 전국 각지에서 자신을 지켜 준 사람들이 있었기 때문"이라고 했다. 그는 당시 서울에서 자신을 두 번씩이나 찾아온 특별한 두 사람을 기억하고 있었다. 한 사람은 수배 중에도 찾아와 준 당시 전대협 의장이고, 또 한 사람은 훗날 서강대에서 몸을 던진 전민련 간부 김기설이었다.

지연된 정의는 30년이 지난 현실의 윤곽을 여전히 두르고 있다. 김용갑의 의문사에 대해, 대통령 직속 의문사진상규명위원회*가 당시 학내 폭력이 존재했으며, 학교의 개입이 있었다는 것, 장학금, 학점 등으로 회유, 조종하려 했다는 사실까지 규명했으나, CCTV가 없었던 당시 사망 직전 한 시간여의 행적을 밝힐 수 없다는 이유로 사인 규명 불능으로 처리됐다.

동우전문대는 동우대학교로 이름이 바뀐 뒤, 2002년 재단 설립자가 기숙사 수익금을 횡령한 사실이 드러나기도 했다. 2013년 동우대학교는 다시 경동대학교로 통합되는데, 경동대학교의 재단 설립자가 곧 동우전문대의 재단 설립자이기 때문에 가능한 일이었다. 수차례의 학원 비리 의혹과 사법적 판단에도 불구하고 재단 설

---

* 의문사진상규명에 관한 특별법이 2000년 1월 15일 제정됨에 따라 2000년 10월 17일 출범하였다. 대통령 소속의 한시적 기구로서 민주화 운동과 관련한 의문사 진정의 조사·처리 등 진실을 규명할 목적으로 설치되었으며, 2004년 12월 31일 폐지되었다.

립자는 여전히 건재하다. 현 정권에서 국회의장을 역임한 문희상 씨를 포함해, 박재갑, 전재욱 세 사람이 명예총장을 맡고 있다.

1991년 11월 7일,
양용찬

1991년, 강경대 치사 사건 이후 이어진 청년들의 희생에 더해 강기훈 유서대필 조작 사건까지 감행됐던 공안 정국 속에서 31년 만에 부활된 지방선거가 치러졌다. 이 선거에서 3당 합당으로 압도적 우위에 있던 민자당이 전국적인 압승을 거뒀으나, 제주도에서만큼은 민자당이 과반수를 차지하지 못했다. 그 이면에는 당시 중앙정부와 민자당 주도로 졸속 추진되던 제주도 특별법 저지를 공약으로 내세운 무소속 후보들의 당선이 자리했었다.

'제주도 2차 종합개발계획'과 함께 땅 주인이 팔고 싶지 않아도 법적 매입을 가능하게 하는 '토지수용권' 등의 독소 조항들이 포함된 채 1991년 5월 공개된 이 법안은 제주도민이 철저히 소외된 상태에서 진행된 문제점이 있었다. 외지의 집권자들은 한결같이 제주를 관광과 개발을 위해 존재하는 섬처럼 여기며 자신들의 정치적 이익을 챙겨 왔다. 그들의 등에 올라탄 경제적 이익 앞에서 자연을 훼손하고 농촌 토박이들의 사회를 해체시키는 일은 늘 부차적인 문제였다.

제2의 하와이가 아닌 생활의 보금자리

양용찬은 제주의 남쪽 물웅덩이가 많고 커다란 팽나무들이 지키는 서귀포 남원읍 신례리에서 태어났다. 다섯 남매 중 셋째로 속 깊은 아들이었던 그는, 제주대 사학과에 진학하면서 형제 중 첫 대학생이 되었지만 제주도민의 절반 이상이 농업에 종사하고 있던 당시의 현실 속에서, 전역 이후 학교로 돌아가지 않고 타일공으로 밥을 벌며 농민운동에 투신했다.

1991년 당시는 동구 사회주의 정권의 몰락과 EU와 북미자유무역협정 등의 블록화 등 세계사적 변화가 진행되고 있었고, 그중에서도 우루과이라운드 농업 협정(UR)은 한국 농민에게는 많은 위기감을 안겨 주었다. 그는 서귀포나라사랑청년회의 농민사랑모임의 대표를 맡으며 2년 동안을 제주의 농업과 지역 문제를 알리는데 헌신했다. 스무 명이 넘는 젊은이의 희생이 이어졌어도 변하는 것이 없던 1991년 당시의 현실 속에서, 양용찬은 농협 연쇄점에서 수입 오렌지를 짠 주스를 보고는 판매 중지를 요구하는 인쇄물을 만들어 돌렸다. 이렇게 작은 배신감 정도로 무마할 수 있는 작은 일들은 한 번으로 끝나지 않았을 것이고 그런 일들을 마주칠 때마다, 곧 자신과 농민을 지킬 사람들은 자신 스스로밖에 없을 것이라는 절박함과 위기감에 곧장 닿았던 것은 아닐까.

11월 7일 저녁, 그는 일을 마치고 작업복 차림으로 가방을 들고 청년회 사무실로 들어와서는 사무실에 있던 회원들에게 목욕 간다는 말을 남기고 사무실을 나갔다. 잠시 후 그가 선 곳은 청년회 건물 옥상이었다. 그는 유서를 남긴 채 몸에 석유를 뿌리고 불을 붙인 뒤 투신했다. 지나던 사람의 신고로 서귀포 의료원으로 급히 옮겼지만 8시 30분경 숨을 거뒀다.

"제2의 하와이보다는 우리의 삶의 터전으로써, 생활의 보금자리로써의 제주도를 원하기에 특별법 저지, 2차 종합개발계획 폐기를 외치며 또한 이를 추진하는 민자당 타도를 외치며 이 길을 간다"는 글을 남긴 유서에는 삶을 함께했던 사람들에게의 작별인사도 함께 남겼다. 그의 희생 이후 법 제정 반대 여론은 더욱 드세게 번져 나갔지만, 제주도 특별법은 그해 말 민자당 의원들의 단독 상정으로 통과되었다.

제주는 여전히 과잉 개발과 과잉 관광에 몸살을 겪고 있다. 강정군민들의 거센 반대에도 해군기지는 들어섰고, 제주 신공항 건설 문제로 지역민들은 찬반으로 나뉘어 첨예하게 맞서고 있고, 그

사이 쌓여 가는 쓰레기와 관광객들에게 맞춰 치솟은 물가는 아름답고 자비로운 섬 하나가 받아 낼 수 있는 한계치를 시험하고 있다. 송악산에는 고층 호텔이, 선흘 주변에는 테마파크가, 관광과 개발 계획들은 촘촘히 늘어서 있고, 구럼비 바위가 폭파되고, 비자림로의 삼나무가 쓰러질 때마다 그의 이름이 불려지고 있다.

1993월 9월 26일,
길옥화

　　2020년 9월 초, 대법원 전원합의체가 정부가 7년 전 일방적으로 통보했던 전교조의 법외노조 처분이 위법함을 최종 판결함으로써 재판부가 바뀔 때마다 오락가락했던 사법적 결정이 매조졌다. 따져 보면 전교조가 출범(1989년)한 이후 그들이 법이 보장하는 권리와 보호 아래 있었던 시간은 그중 절반이 채 되지 않는 셈이다. 결성 초기, 군사 정권하에서 발생한 1,500여 명 교사의 해직 사태 과정에서 당시 학생이었던 김수경(1990년), 심광보(1990년), 김철수(1991년)의 희생이 있었다. 그 이후 문민정부가 들어서고도 지난했던 해직 교사들의 복직 투쟁 가운데 소중한 한 선생님을 잃었던 기억에 대해서는 여러 이유로 알려진 바가 없다.

여기서 전하고 싶은 이야기는 그 싸움의 한복판에서 '전교조 탈퇴 후 복직'이라는 조건을 내건 정부와 조직의 결정에 끝내 수긍할 수 없었던 그 젊은 선생님에 관한 이야기이다. 그녀는 1993월 9월 26일 새벽, 춘천의 13층 아파트에서 떨어진 몸으로 발견되었다. 서른한 해를 갓 넘긴 짧은 삶. 교단으로 돌아가고 싶은 마음 절실했을 그녀가 죽음을 택한 날은 전교조 탈퇴 각서 제출 시한 이틀 전이었다.

"저는 아이들 앞에 떳떳한 모습으로 돌아가고 싶습니다"

그녀의 고향 원주에서 고교를 졸업하고, 가장 들어가기 어렵다던 국립대에 입학해, 졸업하자마자 서울 중화중학교 국어 교사로 발령을 받았다. 같은 대학 같은 과를 나왔어도 8년이 지나 같은 학교에 발령되고서야, 처음으로 이야기를 나눴다는 과 동기이자 동료 남자 교사의 증언, 학생운동에 직간접적으로 가담해 활동을 하던 동기들과 달리 조용히 공부하던 모습을 기억하는 여자 동기의 기억, 그리고 그녀의 죽음 뒤 그녀가 고교 시절 친했던 동창을 찾는 데 실패했다는 기록을 보면 임용 당시만 해도 그녀는 그저 묵묵히 자신의 소임들을 홀로 감내하던 학생의 모습으로 기억됐다.

그러나 그녀가 마지막으로 다녔던 신양중학교 동료 여교사의 추모글에는 그녀의 하얀 볼이 학생들의 웃음소리만으로 쉽게 붉어

졌었다는 증언과 함께 그녀에 대한 또 다른 기억들이 남겨져 있다. 같은 반 아이들을 일주일에 다섯 시간을 만나는 국어 선생님임에도 시간이 부족하다고 아쉬워하던 모습, 학교에 찍혀 학급 담임을 맡지 못했던 당시 반 아이들 단합대회를 가던 다른 담임 선생님을 몹시도 부러워했다는 모습에 대한 기억도 남아 있다.

스스로는 훌쩍 이겨 냈던 입시 경쟁에 여전히 덩그러니 남아 있던 아이들 때문이었을까? 그녀는 학교를 옮겨서도 여러 불이익에도 평교사협의회 활동을 이어 나갔고, 동시에 학교의 교장이나 교감이 아끼고 걱정하는 새내기 국어 교사이기도 했다. 내성적이거나 새침한 사람이 아니라 스스럼없이 질문을 하는 이였고, 집회 현장에서 우연히 만난 과 동기들의 어깨를 사내처럼 "야!" 하고 툭 치고 지나가는 활력 있고 단단한 사람이었다는 동료 교사들의 증언도 당시 그녀의 모습들을 바탕으로 한다. 키보드도 복사기도 없던 시절, 학교를 신양중으로 옮겨서도 학생들과 하나하나 손으로 써 가며 문집을 만들었고, 1989년 6월 16일 신양중학교 학생부실에서 개최된 '전국교직원노동조합 신양중학교 분회결성식'에서는 자신의 손글씨로 결성 선언문을 또박또박 써 내려갔다.

돌아가지 못하면 견딜 수 없이 아플 것 같다

그 일이 있은 지 두어 달 뒤, 그녀는 전교조 가입으로 해직된

1,490여 명의 교사 중 하나가 되었다. 중학교 국어 선생님으로 5년을 있었고, 이후 4년을 해직 교사로 지내게 된 셈이다. 서울동북부 지회의 지회보《올푸름》을 만드는 데 힘을 보태기도 했지만, 늘 그래 왔듯이 그녀의 삶은 조직으로부터는 조금 거리를 둔 것이었다. 복직을 기다리면서도 고향의 노모에게는 내색 하나 없이 뒤늦게 얻은 번역 일로 생계를 버텼다. 지하 셋방에 사느라 볕에 서는 것을 늘 좋아했으며, 어렵게 만든 돈으로 조카의 백일 선물을 사고는 뛸 듯이 기뻐했다던 이 젊은 해직 교사에게, 홀로 견뎌야 했던 삶의 무게보다 더 힘든 것은 다른 이들에게는 요식 행위일 뿐인 탈퇴 각서를 써야 하는 것이었다. 복직을 가지고 거래하자고 나오고, 아이들 교육과는 상관없는 불온한 이념 집단으로 몰아 대는 것에 대해 그녀는 분노와 모욕감을 참지 못했다.

그녀가 숨지고 난 이틀 뒤, 1,419명의 교사가 복직을 신청했고, 91명을 제외한 1,328명이 오랜 기간에 걸쳐 복직했다. 그녀를 기억하는 동료 교사는 그녀의 마지막 선택이 흔들리는 동료 해직 교사들을 붙잡아 놓으려 했던 것이라는 생각을 버리지 못했다. 그녀의 장례식에서 정해숙 당시 전교조위원장은 조사를 모두 읽지 못하고, 멈칫하다 "침묵하겠습니다"라는 말로 터져오는 슬픔을 안으로 가뒀고, 그녀가 마지막으로 다녔던 학교의 교문 앞에서 학교 관계자들이 운동장으로 들어서지 못하도록 막아선 가운데 그녀의 노제를 치렀다.

지금 살아 있다면 정년까지 3년 정도를 남겨 뒀을 국어 선생님. 법 테두리 밖으로 쫓겨나길 거듭한 전교조의 곤경에는 어떤 힘을 넌지시 보탰을까? 비정규직 교사의 일괄 정규직화를 반대했던 2017년 전교조의 성명에는 어떤 곤혹스러움을 느꼈을까? 무엇보다 코로나(COVID-19)로 학생들이 없는 풍경이 일상이 된 학교에서 그녀는 어떻게 아이들에게 닿으려 했을까? 생전에 그녀가 즐겨 불렀다는 노래 〈한계령〉의 노랫말처럼 짧게 스쳐간 그녀의 삶에 덧없는 질문들이 멈추질 않는다.

1995년 3월 8일,
최정환

       한창 영화의 편집을 마무리하고 있던 2017년 7월 28일, 놓치기 싫었던 또 한 사람이 하늘로 불려 갔다. 죽음 한 달 전까지도 세월호가 누워 있는 목포 신항에서 카메라를 들고 있었던 사람이고, 노숙자와 장애인 삶의 한복판, 아무도 남아 있지 않았던 자리에 카메라를 세우고, 그 자리를 지켰던 박종필 감독이었다. 나는 그의 영화 〈장애인 이동권 투쟁보고서 : 버스를 타자〉를 다시 꺼내 보며 그를 기렸다.

    첫 시퀀스는 장애인들이 지하철 1호선 철로 위에서 지하철을 세우는 것으로 시작한다. 시위대는 자신들이 세웠던 그 지하철을 타고, 이내 그들을 향해 목소리를 높이는 비장애인과 대면한다.

시민들을 볼모로 한 거지 뭐야?

당신들 때문에 피해 입잖아?

이에 시위대는 주저함 없이 맞선다.

당신은 30분 늦었을 뿐이잖아.

평생을 이렇게 산 사람은 뭔데?

그저 사람 옮겨 다니는 일에, 그렇게 깊게 패인 차별과 소외의 골이 있었던가? 무엇보다 신의 몸에 쇠사슬을 두르고 고래고래 소리를 지르는 이렇게 불편한 장애인들이라니, 이렇게 나쁜 장애인이 있나? 내내 등장인물들에게 이름 자막 하나 새겨 주지 않았던 박종필 감독은, 영화의 마지막에서는 또 다른 '나쁜 장애인'의 죽음을 콕 집어 호명했다.

노들장애인야학을 통해 장애인 당사자 운동을 설파했던 정태수, 그리고 생계 급여를 반납하고 명동성당 앞에서 텐트 농성을 했던 최옥란의 이름이 그곳에 있었다. 그들은 모두 영화가 완성되던 2002년 숨을 거둔 장애인이고, 비장애인의 동정과 시혜에 따르는 '착한 장애인'이 되길 거부했던 사람들이었다.

최정환은 척수장애로 휠체어에서 삶의 대부분을 보내야 했던 1급 중증장애인이었다. 보육원에서 어린 시절을 보낸 그는 껌과 수세미를 팔아 삶을 버텼다. 기록으로만 존재했던 아버지로 인해, 생활보호 대상자로 지정된다면 받을 수 있었던 국가로부터의 최소한의 복지 혜택조차 그에게는 닿지 않았다.

1994년, 그는 양재역 주변에서 개조한 삼륜 오토바이에 좌판을 차려 노래 테이프를 파는 노점을 시작했다. 노점을 시작하자마자 단속반과 충돌하여 왼쪽 발에 전치 8주의 골절상을 입었다. 그는 단속반원을 경찰에 고발했고, 그 이후 단속은 훨씬 잦아졌다. 단속반원과의 계속되는 숨바꼭질에도 월세 10만 원을 낼 수 있는 유일한 생계 수단을 포기할 수는 없었다. 퀸의 〈보헤미안 랩소디〉가 그의 노점에서 자주 들리던 곡이었다.

해를 넘겨 1995년 3월 8일 늦은 밤, 최정환은 서초구청에 있었다. 늦은 저녁 들이닥친 단속반원들에게 뺏긴 행상 스피커와 배터리를 돌려달라고 요구했다. 구청은 그의 요구를 거절했다. 그는 구청 당직실에서 지니고 갔던 시너 1리터를 몸에 붓고 불을 붙였다. 그리고 13일을 투병한 끝에, 서른여섯의 나이로 숨을 거뒀다.

문민정부는 그의 영결식과 노제를 허가하지 않았을 뿐만 아니라, 영결식장인 연세대로 향하던 그의 시신을 빼돌리기까지 했다.

장례대책위가 곧바로 장지인 '용인천주교공원묘원'으로 가겠다고 했음에도, 공권력은 경찰 오토바이와 차량으로 그의 운구차를 포위한 채 동행했다.

김영삼 정권 5년 동안 3만 5,039개의 노점을 철거했고, 5,662개의 손수레를 부쉈다. 300인 이상의 사업장은 '장애인고용 촉진 등에 관한 법률'에 근거해 장애인을 의무적으로 2퍼센트 이상 고용해야 했으나, 기업 대부분은 장애인 고용보다는 벌금 납부를 선택하고 있었다. 그의 죽음으로 연대한 전국장애인한가족협회와 전국노점상연합회는 중증장애인의 경제적 자립을 위해 '장애인자립추진위원회'를 결성했고, 장애인 생존권 문제를 한국 사회에 지속적으로 제기하고 있다.

'복수해 달라'던 유언

1990년대 초반, 민주도 통일도 아닌 자신들의 생존을 요구하며 반복됐던 노점상, 철거민, 장애인 들의 죽음은 큰 주목을 받지 못했다. 죽음을 기리는 것조차 금지당했던 1980년대 이후를 관통하며, 그 기간 동안 지속되어 온 저항적 자살의 유형과 추이를 분석한 노작 임미리의 『열사, 분노와 슬픔의 정치학』이 2017년 출간되었다. 최정환이 병상에서 남긴 유언 '복수해 달라'는 처절한 절규에 이 사회가 어떻게 답해야 할 것인가 하는 문제는 이 책이 지니고 있는 핵심 질문이기도 하다. 주변화된 존재가 죽음 뒤에야 알려졌던 비루한 현실들이 그 뒤로도 바뀌지 않고 반복되었음을 이 기록은 묵묵히 증명하고 있다.

더 이상 죽지 않고, 어떻게 주변화된 존재의 불협과 무력감을 이겨 낼 수 있을까? 이것은 모두에게 해당되는 질문일 것이다. 오늘 내가 엘리베이터 문이 열려 있는 2~3초를 견디지 못해 닫힘 버튼을 누르는 사람이 될지, 열림 버튼을 누르는 사람이 있어 주기를 바라며 엘리베이터 문을 향해 질주하는 사람이 될지의 여부는 매일이 다르듯, 장애와 비장애의 경계, 중심과 주변의 경계가 개인의 의지만으로 구획되지 않을 것이기 때문이다.

2003년 4월 26일,
육우당

2017년 4월 26일, 행동하는 성소수자 인권연대(행성인)의 페이스북 페이지에 한 동영상이 올랐다. 불안하게 기울어진 시점의 앵글에는, 우리의 기억에 '난입'으로 편집되어 저장된 정면 프레임에 덧붙여도 좋을 그 이전 1분여의 모습이 담겨져 있다.

오전 11시 30분 국회 건물 앞, '천군만마 국방안보 1000인 지지 선언 기자회견' 중 문재인 당시 대통령 후보가 연설 중이다. 그 연단 너머 왼쪽 사람 무리에 장서연 변호사가 서 있다. 그녀는 문재인 후보의 연설을 정중히 듣고 있다. 연설이 끝나기를 기다렸던 그녀는 문 후보가 연설문을 앞섶에 넣는 순간, 지니고 있던 무지개 깃발을 펴들고 그에게 천천히 다가간다. 그녀는 첫발자국을 뗀 뒤

5초 동안은 문 후보의 눈에 그녀의 눈을 맞추려 애썼다. 민변(민주사회를 위한 변호사 모임) 소속 선후배 변호사이기도 한 두 사람, 그녀는 문 후보가 그녀의 눈을 바라봐 주길 바랐을 것이다. 분노라기보다는 절망이 그렁거렸을 자신의 눈을. 미소로 화답하는 문 후보의 반응을 확인한 그녀는 하늘을 향해 턱을 들고 외친다. "저는 동성애자인데 지금 저를 반대하십니까?"

삶이 싫어서 택한 죽음이 아니다

이날 4월 26일은 성소수자 인권운동가들에게는 대통령 후보 토론회의 이튿날이라는 점 이상의 의미가 있는 날이었다. 그날은 19살의 성소수자 육우당이 휘경동에 있던 동성애자인권연대(이하 동인련)의 사무실 문에 가방끈으로 목을 맨 지 정확히 14년이 되는 날이다. 2003년 그가 죽기 2주 전만 해도, 그는 신문에 투고를 했고(《한겨레》 2003년 4월 14일자), 3주 전에는 이라크 파병 반대 집회에 쓸 대형 무지개 깃발에 "Stop the war!"라는 문구를 직접 새기러 간 사람이었다. 그가 남긴 유서에는 "술, 담배, 수면제, 파운데이션, 녹차, 묵주. 이 여섯 가지가 제 유일한 친구입니다. 그래서 '육우당(六友堂)'이죠"라는 자기소개와 "제 세 가지 소원은 1. 동성애자 해방, 2. 시조 부흥, 3. 가사 부활입니다. 언젠가는 반드시 제 소원이 이뤄졌으면 합니다"라며 자신이 두고 가는 삶에 대한 마지막 염원이 남아 있었

다. 삶이 가볍게 여겨지고 싫어서가 아니라 그 반대여서 택한 죽음이었다.

그에겐 삶에 대한 애정만큼이나 이름도 많았다. 허난설헌의 이름을 딴 '설헌'이라는 이름으로 커밍아웃을 했고, 시조동호회의 회원이자 인터넷 카페지기로 활동했다. 귀걸이와 파운데이션을 잊지 않고 가지고 다녔던 '미동(美童)'이었고, 식사 때마다 성호를 그으며 목사들은 자신을 벼랑으로 내몰지만 예수님은 구원해 줄 것이라 믿었던 'catholic84'이기도 했다. 그는 '사람 냄새 나는' 동인련이 좋아서 그 사무실에 아르바이트를 마친 고된 몸을 누이곤 했고, 2000원짜리 던힐을 1500원짜리 디스플러스로 바꿔 아낀 돈으로 회비를 냈다.

이 모든 삶을 흔든 결정적인 사건은 그로부터 4주 전쯤의 일이었다. 국가인권위원회는 청소년 보호위원회에 '동성애 사이트'가 청소년 유해 매체라는 심의 기준을 삭제하도록 '권고'했고, 이에 기독교 단체가 격렬히 반발했다. "동성애로 성문화가 타락했던 소돔과 고모라는 하나님의 진노로 유황불 심판으로 망했다. 동성애 삭제 권고 수용을 즉각 철회하라." 이것이 한국기독교총연합회(이하 한기총)의 성명 마지막 문장이었다.

육우당이 마지막까지 자신의 존재를 지우는 사람들을 향해 요구했던 것은 공감과 이해였다. 그는 15살 때부터 일기장과 수첩에 시조를 비롯한 그의 창작물들을 기록해 뒀다가 홈페이지(interpia98.

net)를 만들어 글을 올렸는데, 각종 악플과 해킹으로 3년 만에 문을 닫은 적이 있었다. 커밍아웃한 홍석천, 하리수를 응원하는 카페를 운영하기도 한 그가 한기총의 성명 이후 죽음에 이르기까지 이 사회에서 돌려받은 말들은 어떤 것이었을까?

사회의 모순에 저항하며 죽음을 선택했던 이들은 자신의 유서를 광장에 뿌리고, 모여 있는 사람들 사이에 자신의 몸을 남기는 것이 일반적이지만, 육우당은 끝내 동인련 사무실 문을 열고 나오지 않았다. 그로부터 5년 전, 오세인이라는 20살 청년 또한 육우당과 다르지 않은 이유로 사무실에서 목숨을 끊었다. 육우당의 시신을 거두었던 활동가 정욜은 이렇게 말했다. "둘 다 갈 곳이 여기밖에 없었던 거예요."

그의 죽음 이후 동인련 활동가들이 거리로 나섰다. 한기총의 입장에 반대하는 한국기독청년학생연합회의 기독교인들도 청소년보호법상의 동성애자 차별 조항의 삭제를 위해 연대했다. 공감과 이해가 행동으로 이어진다면 우리는 그것을 연대라고 부른다. 연대는 정치이념이나 선거공학 너머에 있는 공감과 이해라는 인간애를 바탕으로 서로의 손을 잡는 행위이며 결사다.

그들은 한기총이 입주한 기독교 연합회관 앞을 찾아 항의했다. 대학로에서 욕설을 감내하며 팸플릿을 돌렸고, 명동에서 삿대질 속에 집회를 열었다. 1년 뒤, 동성애는 청소년 보호법의 유해 단어와 인터넷 금지 단어에서 삭제되었고, 음란물 지정에서도 제외되었다. 이 작은 승리는 서울시의회 농성까지 이어져 학생인권조례 제정의 계기가 되었고, 청소년 성소수자 위기지원센터 '띵동'이 만들어졌다.

나중으로 밀려도 되는 삶은 없다

1993년 겨우 여섯 명이 모여 '초동회'라는 이름으로 시작했던 한국 최초의 성소수자 인권 모임은 편견과 혐오를 뚫고 부박한 한국 인권 수준의 최저값을 끊임없이 올리고 있다. 기표소 안에서만 정확히 평등한 이 세상의 벌어진 틈을 메우는 이들은 '통합'을 일구어 내는 지도자들만이 아니라, 끊임없이 '연대'하고 헌신해 온 이름 없는 활동가들이기도 하다. 통합이라는 말로부터도 소외된 이 땅의 소수자들은 연대의 힘으로 제 삶을 버티며 이 사회 민주주의의 빈자리를 채운다.

성소수자였던 소크라테스와 플라톤으로 비롯됐던 민주주의 사회에 살면서, 성소수자였던 나이팅게일 같은 박애심은 없을망정, 성소수자였던 앨런 튜링에 의해 만들어질 수 있었던 컴퓨터로 성소수자 활동가들이 올린 시위 동영상에 기껏 댓글을 단다는 것이 '만만한 우리에게 오지 말고 홍준표에게나 가라' 정도라면, 육우당의 죽음을 항의하는 이들을 향해 "기독교인이라면 인권 문제에 앞서 먼저 예수님의 가르침을 따라야 한다"던 한기총의 입장과 얼마나 다른가?

성소수자 인권운동가였던 육우당의 본명은 윤현석이다. "죽은 뒤엔 당당하게 이름을 부를 수 있을 것"이라고 유서에 남겼던 육우당의 본명은 그가 죽은 지 10주기가 지나도 공개될 수 없었다. 그의 죽음에도 청소년 성소수자들이 청소년 전화 상담자에게서조차 자신의 정체성을 '치료'받으라는 권고를 받는 현실은 지금도 여전하다.

나중으로 밀려도 되는 삶은 없다. 대통령 후보를 앞에 두고 장 변호사가 들었던 무지개 깃발은 겨울 내내 광화문 촛불 광장의 하늘에서도 늘 펄럭였고, 2019년 5월 24일 대만은 아시아에서 최초로 동성혼을 인정했다.

2007년 10월 11일,
이근재

　　아내와 저녁을 지어 먹은 뒤, 붕어빵으로 입가심하자는 핑계로 눈 흠뻑 내리는 동네 길에 함께 나섰다. 눈이 이렇게 반가운 걸 보면 유난히 따뜻했던 올 겨울이 달갑지만은 않았던 거라고 입김을 서로에게 호호 불어 대며 버스정류장 앞에서 봐 뒀던 붕어빵 노점을 향해 종종거렸다.

　　5분을 걸어 도착한 붕어빵 노점엔 갓 구운 여남은 붕어빵만이 열반에 놓여 있을 뿐 주인아저씨가 보이질 않았다. 1000원 한 장을 놓고 붕어빵을 집어 가도 되지 않을까 싶다가도 몇 개를 집어 가야 할지 나도 아내도 막상 알지 못했다. 자리에 따라, 들어간 내용물에 따라 붕어빵 2개에 1000원 하는 곳도 많지만, 운 좋으면 같은 가격에 7개도 받을 수 있는 게 붕어빵이니까. 붕어빵들을 눈요기만

하면서 속이 비치지 않는 걸 보면 잉어빵이 아니라 붕어빵이 맞네, 안 맞네 시답잖은 소리를 하고 나서도 주인아저씨는 자리로 돌아오질 않았다. 막연해질 것 같던 기다림 사이로 불현듯 13년 전 내가 살던 일산에서의 기억이 스몄다.

붕어빵에 반대하는 이상한 집회

2007년 11월 9일 고양시 일산 주엽역 광장에서 붕어빵 장사를 반대하는 수천 명(경찰 추산 5,000명)이 운집했다. 고양 지역 120여 개 시민단체로 구성된 고양범시민대책위원회 주최의 정확한 집회명은 '불법 노점상 반대를 위한 걷기대회'였다. "무질서 행위를 근절해 깨끗하고 아름다운 고양시를 만들자"는 것이 집회 참여자들이 외치는 주장의 골자였다. 세상에 반대할 것이 많기는 하지만 이 휑한 신도시에 노점상이 있으면 얼마나 있다고, 이렇게 많은 사람이 떼로 모여 반대를 하는 걸까.

고양시에는 진짜 어려운 노점상보다는 기업형 노점 상인이 많다는 것이 그들의 주장이었다. 기업형 노점상들은 어려운 사람도 아니고 알바생까지 쓰면서 세금도 내지 않고 그 배후에는 전국노점상연합(이하 전노련)이 이권을 갈취하고 있다 했다. 그런 극악한 폭력 조직인 전노련이 고양시의 교통을 마비시키는 것을 좌시할 수 없다고 소리를 높였다.

그들의 말대로 점심 무렵 그 집회 현장으로부터 얼마 떨어지지 않은 문화초등학교 앞으로 전노련을 필두로 한 행렬이 멈춰 섰다. 학교 앞에서 '달고나' 좌판을 하던 이근재의 노제 행렬이었다. 한 달 전 10월 11일 태영프라자 앞에서 노점상 단속이 있은 뒤 다음 날 그는 새벽 산책로에서 목을 맨 채 발견이 됐고, 이후 분노한 노점상들의 집회와 협상 끝에 27일 만에 이뤄지는 장례식이었다. 그는 붕어빵을 굽기 전 책걸상을 만드는 목공 일로 1남 1녀를 둔 가정을 꾸려 갔다. 1997년 IMF 직전 공장이 부도나면서, 그는 학교 앞에서 달고나 좌판을 시작했고 그의 아내는 좀 떨어진 태영프라자 광장에서 붕어빵을 굽고, 떡볶이를 만들었다. 그렇게 10년도 넘은 시간이 흘러 쌓였다.

여보 미안해, 당신 고생 시켜 미안해

2007년 초, 고양시의 세 번째 민선 시장은 '질서 있는 품격 도시 만들기 추진 계획'을 내세웠다. 오세훈 당시 서울시장의 핵심 공약인 '디자인 서울 정책'과 함께 발표됐던 '노점상에 대한 관리 대책'과 궤를 같이하면서도 독자적인 추진임을 강조했다. 성과가 간절했던 고양시는 '품격'을 추구하기 위해 노점 정비기금이라는 명목으로 예산을 31억까지 늘려 잡았고, 무자격 용역 업체를 동원해 계절이 바뀔 때마다 행정 대집행이라는 이름으로 초등학교 앞의 노점 판들을 엎었다.

10월 그날 아침에도 노점상들이 자리를 펴자마자 용역들이 달려들어 손수레를 엎고 닥치는 대로 때려 부쉈다. 단속 현장을 둘러싼 용역들에 막힌 이근재는 밖에서 마차를 뺏기지 않으려 안간힘을 쓰는 아내를 무력하게 지켜봐야만 했다. 그날 밤 그의 곁에서 아내가 끙끙 앓았다. 뜬눈으로 그가 할 수 있는 말은 고생만 시켜서 미안하다는 말이었다. 잠이라도 한숨 잤을까? 그는 평소 정발산에서 매일 하던 새벽 운동을 거르고 인력시장에 나섰다. 몸이라도 건강해야 한다며 임진각 마라톤 대회에도 나서던 그였다. 막 찬바람이 들이치던 계절, 그를 위한 일자리는 없었다. 그는 집으로 들어가지 않고 근처 철도변 길에서 자신의 목을 맸다. 남긴 유서 한 장 없었다.

고양시는 단속 현장의 대상자도 아니고, 유서도 남기지 않은 개인의 신병 비관 자살은 단속과는 무관하다는 태도로 일관하며 대화를 거부했다. 한 달이 다 돼 가도록 장례가 치러지지 않은 이유였다. 장례가 치러지기 전까지 전노련을 비롯한 70여 개의 시민사회단체가 모인 비상대책위에 의해 총 여덟 차례에 걸쳐 집회가 진행되었고, 11월 8일이 되어서야 고양시청은 유가족에게 사과하고, 시·노점상·시민단체로 협의회를 구성하며, 용역을 투입하지 않겠다는 약속을 했다. 그의 아내는 12년 밤낮을 남편과 함께 노점을 해 온 자리에서 계속 장사를 이어 가기로 했다.

그해 그의 장례식으로부터 열흘 남짓 지나던 날 첫눈이 내렸던 것을 기억한다. 대통령 선거가 있기도 했던 그해 겨울, 품격이라는 이름으로 지워진 그의 생존으로 인해 시렸던 속이 좀처럼 데워지질 않았다.

눈이 인색했던 겨울이 지나고, 나는 카메라 앞에서 노점의 어묵과 붕어빵을 집어 먹는 출마자들을 본다. 그리고 코로나로 피해를 입은 저비용 항공사과 해운업에 긴급자금 수백억 원을 수혈한다는 소식도 본다. 드문드문 지나는 행인을 지켜보고만 있을 거리의 상인들의 곤경은 겨울을 지나고 있을까.

아내와 나는 붕어빵 아저씨를 결국 만나지 못한 채 자리를 떴지만, 길 건너 매생이 가게 옆에서 잉어빵을 굽는 할머니를 만날 수 있었다. 횡단보도를 사이에 두고 마주한 붕어빵 노점과 잉어빵 노점의 거리는 채 몇십 미터도 되지 않았다. 팔리지 않은 잉어빵이 꽤 쌓여 있어 적당히 식었으리라 여기며 한입 베어 물었다. 그러나 웬걸, 할머니가 고이 데워 둔 잉어빵 안 팥소는 혀를 델 만큼 뜨거웠다.

　　8년 전 크리스마스이브, 삼삼오
오 모여든 시민들과 노동자들이 강남역 사거리 삼성 사옥 앞에서
'별이 크리스마스' 문화제를 열었다. 그해의 성탄절이 '별이 크리스
마스'로 명명된 까닭은 첫돌을 맞기도 전에 삼성 에어컨 수리 기사
였던 아빠를 잃은 별이를 기억하고, 숨진 지 57일 만에야 장례식을
치를 수 있었던 별이 아빠 최종범을 기리기 위함이었다.

　　최종범은 용접과 배관 작업에 능해서 에어컨, 냉장고 등의 수리
를 맡았던 '중수리' 기술자로 그해 추석 당일에도 두 건의 콜을 처
리하고 나서야 형의 집으로 향했던, 도가 넘도록 성실한 삼성엔지
니어였다. 왼쪽 가슴에 삼성전자서비스 로고를 단 채 명절은 물론
야간, 주말 가릴 것 없이 삼성 에어컨과 냉장고, 세탁기 같은 제품

을 수리했지만, 그가 삼성전자 사원이 아니라는 것을 형이 알게 된 것은 그가 죽고 나서였다.

사원이 아닌 수리기사

그가 다니던 곳은 삼성전자가 삼성전자서비스를 통해 AS 수리를 2중 하도급시킨 169개 협력사 중의 하나인 삼성TPS였다. 그해 삼성전자의 소비자들은 제품을 사면서 AS 비용으로 1조 7,000억 원을 지불했는데, 삼성전자가 이러한 도급 구조를 통해 삼성전자서비스에 지급한 외주 도급비는 6,000억 원, 그리고 삼성전자서비스가 169개의 협력사에 넘긴 총액은 그중 3,300억 원을 지불하는 구조의 제품을 사는 것이었다.

일감을 나눠 줘야 할 협력사는 중수리 재료비, 장비비, 미수금, 유류비, 차량 수리비, 휴대전화비, 식비 모두를 현장 수리 노동자에게 전가한 뒤 그들에게 주어야 할 임금은 건별로 책정했다. 수리 중 에어컨 냉매가 터져서 동상과 화상을 달고 살던 별이 아빠가 여름철 성수기가 지나면 최종적으로 손에 쥘 수 있었던 금액이 월 평균 100만 원 남짓이 돼 버리는 이유였다.

그해 여름, 이 불법적인 구조에 맞서 서울에서 금속노조 삼성전자서비스지회 창립총회가 열렸다. 별이 아빠는 별이 엄마에게 이제 노조가 생겼으니 그동안 밤늦게까지 일하고도 받지 못했던 임금도 받을 것이고, 별이를 위해서라도 노동조합 간부까지 될 수 있도록 열심히 할 테니 더 늦게 들어와도 이해해 달라고 부탁을 했다. 별이 아빠는 노조가 생긴 직후 협력업체 사장으로부터 욕설이 섞인 전화를 받았다. "어디 삼성전자 기사 따위가 고객이랑 말하는데 허리에 손을 올려?" 이 사건 이후 별이 아빠는 진정서를 써 놓고도, "사장도 가정이 있는 사람이고 내가 입사한 후부터 계속 함께한 사람인데…"라고 동료에게 문자를 보낸 뒤 없던 일로 해 버렸다.

그린화 전략

이제와 명백해진 사실이지만 당시 삼성은 '그린화 전략'이라는 이름으로 노조 와해 공작을 펼치고 있었다. 최고의 제품을 만드는 세계 일류 기업 삼성이 최고의 빈부격차를 생산하는 방식이었다. 별이 아빠의 죽음에 당사자가 될 수 없으니 단체 협상도 한국경영자총협회를 대신해 내보냈던 그들이 고용노동부와 언론을 포함한 로드맵까지 그려 가며 그룹 차원에서 펼치고 있던 일이었다.

노조 가입자가 많은 서비스센터에 본사 직원을 내려보내 일감을 주지 않는 식의 대응이 이어졌고, 이를 감독해야 할 고용노동부는 추석 직전 "논란의 여지가 있으나, 종합적으로 보면 불법 파견이 아니다"라는 근로감독 결과를 유권 해석이랍시고 냈다. 직후 별이 아빠를 포함한 노조 가입자를 중심으로 한 본사의 표적 감사가 이어졌다. 대상 직원들은 통상 이뤄지던 3개월이 아니라 5~6년 전 작업까지 소명해야 했다.

별이 아빠가 '그동안 삼성서비스 다니며 너무 힘들었어요. 전태일 님처럼 그러진 못해도 전 선택했어요. 부디 도움이 되길 바라겠습니다'는 글을 단체 채팅창에 남기고, 테이프로 둘둘 말린 백미러가 붙은 2002년식 카니발에서 발견된 것은 그로부터 10여 일 뒤였다.

별이 아빠는 모란공원에 안장되었다. 그해 가을 그가 처음 알게 된 이름 전태일이 묻혀 있는 곳이었다. 삼성의 그린화 작업은 멈추지 않았다. 그로부터 1년도 채 지나지 않았던 2014년 5월 강릉에서 또 한 사람의 삼성전자서비스 노조원 염호석이 자신의 승용차에서 숨진 채 발견되었다. 정보경찰과 염호석의 친부까지 매수한 삼성은 그의 시신을 탈취하는 만행을 서슴없이 저지르기도 했다.

2018년 4월 17일 삼성전자서비스 노동자들은 삼성그룹을 수리했다. 삼성이 창업 이래 지켜 온 무노조 경영 방침을 폐기시키고 '직접고용 합의와 노조를 인정하고 합법적인 노조 활동을 보장한다'라는 합의를 이끌어 냈다. 삼성의 최고 임원들이 주도했던 노조와해공작 '그린화 전략'에 대해 1심은 이를 주도한 최고 임원들에게 1년이 넘는 실형을 선고했고, 2심에서는 공모 혐의를 인정할 'CFO 보고 문건' 등이 위법하게 수집됐다는 이유로 임원들 중 이

사회 의장이 무죄 취지의 선고로 빠져나왔으며 대법원의 최종심까
지 이러한 판결 취지는 이어졌다.

지워 버린 시간,
그 이름들

'민족민주열사 희생자 범국민추
모제'의 통계에 따르면 강기훈 씨의 2심 판결이 난 1992년 이후부
터 그 판결 덕에 분신이 사라졌다고 말한 시점인 2014년까지 기록
된 분신 자살자의 수만 28명이 된다. 2심 판사 부구욱이 이 사회에
서 분신이 사라졌다고 주장하던 바로 그 시간 동안, 하나뿐인 목숨
을 태워 버렸던 이들의 이름들을 하나하나 영화의 스크린 위에 올
렸었다. 그 이름들을 다시 새긴다.

1993년

9월 9일　　광주교대생 이경동, 9월 8일 "주한미군 철수, 김영
　　　　　　삼 정권 반대" 등을 요구하며 분신 후 운명

11월 10일   광주교대생 한상용, 교대 교육 정상화를 위한 투
           쟁 중 분신 후 운명

1994년

3월 11일   성호여객 노동자 최성묵, 회사 측의 부당 노동행
           위에 항거하며 분신 후 운명

1995년

3월 21일   노점상 최정환, 3월 8일 중증장애인으로 정권의
           반민중적 빈민정책에 항의 분신 후 운명
6월 21일   대우조선 노동자 박삼훈, "노동자들이 단결하여
           승리하자"며 분신 후 운명
9월 4일   철도 노동자 서전근, 철도민주화 투쟁 중 오지로
           전출에 항의 분신 후 운명
12월 14일   경원대생 장현구, 파행적 학원 운영 중지를 요구
           하며 분신 후 운명

1996년

1월 13일   한일병원 노조 위원장 김시자, 부당 징계 철회와
           어용 노조 퇴진 요구 분신 후 운명
4월 6일   경원대생 진철원, 학원 자주화 투쟁 과정에서 분

신 후 운명

4월 16일   성균관대생 황혜인, "김영삼 정권 타도"를 외치며
분신 후 운명

5월 8일   대구공전생 박동학, 5월 6일 학생 자치권 보장을
요구하며 분신 후 운명

1997년

2월 13일   용인대생 한상근, 2월 10일 학교당국의 일방적인
학사 운영에 항의하며 분신 후 운명

1998년

2월 13일   대우조선 노동자 최대림, "정리해고, 근로자 파견
법 입법화 반대"를 요구하며 분신 후 운명

1999년

7월 10일   노점상 윤창녕, 1급 장애인으로 대전역에서 노점
을 운영하다 구청의 단속에 항의해 분신 후 운명

8월 25일   스타TX 박용순, "사납금제 및 업무상 사고처리비
노동자 부담 철폐"를 외치며 분신 후 운명

2002년

9월 3일　　　노점상 박봉규, 노점상연합 활동 중 8월 23일 노점생존권 탄압에 항의하며 구청장실에서 분신 후 운명

11월 22일　　경인운수 택시노동자 천덕명, 사측의 탄압에 월급제 사수와 인간다운 삶을 외치며 분신 후 운명

2003년

1월 9일　　　두산중공업 해고노동자 배달호, 부당해고와 징계에 맞서 울분 담긴 유서를 남긴 채 분신 후 운명

10월 31일　　근로복지공단 비정규직 노동자 이용석, 비정규직 차별 철폐 대회에서 분신 후 운명

11월 17일　　세원테크 노조위원장 이해남, 수배 중 10월 23일 분신 후 운명

2004년

2월 14일　　　현대미포조선 하청업체 노동자 박일수, 하청노동자 처우 개선 및 근로 조건 개선 투쟁 중 "비정규직 차별 철폐"를 외치며 분신 후 운명

2005년

9월 10일 　화물연대 부산지부 조합원 김동윤, 화물운송 제도
　　　　　 개선을 요구하며 분신 후 운명

2007년

1월 23일 　인천 우창운수 택시노동자 전응재, 완전월급제 쟁
　　　　　 취, 근로조건 개선을 요구하며 해고를 막지 못해
　　　　　 미안하다는 말을 남긴 후 분신 후 운명

4월 15일 　시민사회 운동가이자 한독운수 택시노동자 허세
　　　　　 욱, 졸속적 한미 FTA 협상에 반대하며 협상장이
　　　　　 던 하얏트 호텔 앞에서 분신 후 운명

2008년

6월 9일 　환경미화원 이병렬, 공공노조 조합원으로 광우병
　　　　　 쇠고기 수입 반대와 공공 부문 사유화 저지를 요
　　　　　 구하며 분신 후 운명

2010년

5월 31일 　문수 스님, 경북 청도 대산사 주지를 역임했으며
　　　　　 4대강 사업 중단·부정부패 척결 유서를 남기고
　　　　　 분신 후 운명

2012년

1월 15일   현대자동차 노동자 신승훈, 회사 측의 감시와 통제
          에 항의하여 자신의 작업 라인에서 분신 후 운명

2014년

1월 1일   편의점 매니저 이남종, 1991년 당시 대학 새내기
          로 장교 학사장교 예편 경력. '박근혜 퇴진, 대선 부
          정 특검 실시'를 외치며 서울역에서 분신 후 운명

06.
기억하는
사람들

1991년 5월의 기억들을 기록한 영화 〈1991, 봄〉은 200여 일 동안 인터넷 예매 창에 올라와 있었고, 땅끝마을 해남에서 프라하까지 다양한 곳을 여행했다. 뜻하지 않았던 해외 상영, 폐막 날짜를 정해 놓지 않는 오픈런 상영 등 〈1991, 봄〉의 상영은 이례적으로 전개되는 일이 많았다. 나는 그중 45일을 영화가 상영 중이던 자리에 있었다. 그 여행들을 지속할 수 있었던 힘은 그 영화가 불러낼 특별한 관객들의 존재였다. 기억이란 곧 기억하는 사람들과의 관계이다. 그들과의 소중한 기억들을 이곳에 묶어 둔다.

극동 영화제의 초청을 받아 이탈리아 우디네에 도착했다. 상영까지 남은 시간 동안 영화제 측에 주고 남은 리플릿도 돌릴 겸 도시의 광장(piazza)들을 중간 지표 삼아 시내를 돌아다녔다. 시민 도서관과 관광정보센터 그리고 영화제에 참가한 사람들이 모이는 카페가 눈에 띌 때마다 리플릿을 두고 나니 널찍한 자유의 광장(Piazza della liberta)에 다다랐다. 광장의 가장 높은 기둥 밑에는 노란 리본을 두른 한 청년의 초상 액자가 덩그러니 놓여 있었다.

지울리오 레제니(Giulio Regeni)는 우디네 남부 출신으로 영국 캠브리지 대학에서 공부를 하던 26살의 청년이었는데, 2016년 카이로 외곽의 고속도로 옆 도랑에서 고문으로 의심되는 흔적이 남아 있는 채 주검으로 발견되었다. 영국, 이집트, 이탈리아 국경을 넘어 부유하고 있는 청년의 죽음과 유가족들의 애타는 마음이 노란 리본과 함께 묶여 있었다.

진실과 정의라는 말은 지구상 어디에나 필요로 한다. 상영 시간에 맞춰 극장에 도착한 나는 상영 직전 영화제 집행위원장의 소개로 무대에 올랐다. 나는 그 자리에서 '세상은 가장 아픈 곳을 중심으로 돈다(The world revolves around the most painful place)'는 말을 인용한 뒤, 지울리오 레제니의 이름을 불렀다.

135석의 객석이 거의 차 버린 정읍 단체 관람은 어린 학생 분들의 비율이 가장 많기도 했던 상영이라 더 보람 있었다. "젊은이들이 많이 봤으면 좋겠다면서 왜 이렇게 어렵게 만들었냐?"는 최연소 관객(12살)의 질문이 있기도 했었다. 선물로 다른 것보다 책을 달라던 당당한 이 관객은 귀경하는 내내 미소를 짓게 만들었다.

정읍의 전교조 선생님들이 만들어 주신 자리였다. 상영이 끝나고 고 박승희와 같은 학교 같은 학번이었다는 선생님을 만났는데 법외노조 해결 문제로 삭발을 두 번째 하셨다는 말을 듣고 결국 또 눈이 붉어지고 말았다. 어둑한 밤에 몰래 나와 나눈 이야기라 글썽였던 눈물은 안 들켰을 것이다.

#유민이 나무를 심은 사람들_정읍 황토현 전적지 이팝나무 숲길

정읍 산매리 푸른 지붕을 이고 있는 집에는 유민이라는 예쁜 손녀를 둔 할머니가 산다. 그녀의 아들이 김영오 씨인데, 2014년 숨막히도록 무더웠던 여름 세월호 특별법 제정을 요구하며 46일 동안 단식을 했었던 바로 그 유민이 아빠다.

유민 아빠의 고향 사람들이 황토현 전적지를 두르는 오솔길 양옆으로 세월호 희생자 304명의 이름표를 일일이 새겨 달아 놓은

271

이팝나무를 심어 숲길을 만들었다. 그 숲길이 두르는 그곳은 동학 농민군이 관군을 상대로 처음 승리를 거뒀던 곳인데, 자리에 그렇게 첫 번째 심은 나무가 유민이 나무다. 유민이 나무는 멀리 산매리 할머니 집을 바라보고 있다. 이 이야기는 깨를 털던 할매의 물기 젖은 눈이 되고 낡은 징소리 같은 성토가 되어 고 박승희의 병상을 끝까지 지켰던 최승희 님의 시로 지어졌고, 이팝나무 숲 길 입구에 팻말로 서 있다.

#첫 단체 관람_서울 대학로 CGV

영화가 개봉하기도 전에 처음으로 극장에서의 단체 관람을 청해 온 곳은 고 김귀정의 모교인 성균관대 민주동문회였다. 대학로에서 상영을 했고, 고 김귀정의 어머니 김종분 씨도 자리를 함께했다.

1991년 5월 어버이날, 고 김귀정의 어머니인 김종분 씨의 증언에 의하면, 김귀정은 그날 마루에서 김밥을 수북이 싸고 있었다고 한다. "엄마, 내일 놀러 가지? 내가 지금은 돈이 없으니까 김밥만 싸 줄게. 돈 벌면 좋은 거 많이 사 줄게." 어머니는 한참 지나 당시의 일을 생각해 보니, 그때가 강경대 장례식(1차) 때여서 시위하는 애들 먹이려고 그렇게 김밥을 많이 싸고 있었던 것 같다고 회상했다.

30년이 지난 지금, 김귀정이 쓰러졌던 충무로 자리엔 그녀의 이름이 새겨진 표지석이 놓여 있다. 그 작은 세모 모양의 동판에는 '성균관대학생 김귀정이 민주화 시위 중 경찰 과잉 진압으로 숨진 자리'라고 쓰여 있다. 연이어 김귀정의 어머니의 이야기를 다큐멘터리로 만든 〈왕십리 김종분〉이 완성됐다는 소식이 전해졌다. 5월 25일 추모일에 맞춰 충무로 표지석 맞은편의 대한극장에서 시사회를 가질 예정이라고 했다.

#선택이 형을 위한 상영회_서울 순천향병원

영화를 만들면서 가장 먼저 인터뷰를 했던 사람이 있다. 고 김기설이 그의 유서에 '선택이형'이라 부르며 뒷일을 부탁했던 사람이자, 내게 유서대필 조작 사건에 대한 다큐 제작을 직접 의뢰했던 이다. 수차례 인터뷰도 마다하지 않던 그인데 인터뷰 때마다 '우리 기설이는?'을 반복해 물었었다.

영화 출연 후 그는 영화의 완성을 보지 못한 채 불행한 사고로 병상에 누웠고, 순천향병원의 배려로 병원 강당에서 그를 위한 영화 상영회를 가질 수 있었다. 상영 이후 병실에서 마주한 그는 말을 할 수 없는 상황이었지만, 나는 영화 맡겨 두시고 왜 여기 계시느냐고, 막걸리 사 주신다고 하지 않으셨냐고 따져 물었고, 선택이 형은 나의 투정을 애써 잡은 손의 온기로 덮어 주었다.

273

1970년대에 대학에 입학해 박정희 유신 정권과 전두환 군사 정권에 맞서고 1987년 민주항쟁과 1991년의 항쟁까지, 남들 다 두고 간 모진 일을 기꺼이 감당해 온 김선택 씨는 2020년 9월 모란공원에 안장됐다.

초겨울의 야외 상영_김제 원평 집강소

11월 중순 바삭해진 마지막 단풍잎들이 날리는 고속도로를 가로지르며 도착한 곳은 김제 원평 집강소였다. 집강소란 동학농민혁명 당시 농민군 지휘부가 세운 자치 기구를 가리킨다. 현재 원평 집강소는 1882년에 백정 동록개가 동학농민혁명 당시 김덕명 장군에게 "신분 차별 없는 세상을 만들어 달라"며 헌납한 건물로, 해방 이후 방치되어 온 건물을 민간의 노력으로 토지를 매입하고 복원하게 된 경우였다.

〈1991, 봄〉 속의 한 인물이 세월호 유족들과 같이 걸었던 길이 원평을 지난다고 했던 기억을 떠올렸다. 상영은 독특하게도 야외 스크린을 통해서 이루어졌는데, 밤이 내려야 볼 수 있기 때문에 추위를 갓 구운 고구마로 날리면서 십시일반한 밥과 술을 나누고, 노래와 연주를 들으면서 해지기를 기다렸다. 들판을 달려온 찬바람에 야외 촬영은 가능해도 야외 상영은 확실히 무리라는 생각을 하고 있었는데, 그래도 끝까지 집강소 마당을 빼곡히 지켜 주었던 사람들을 보면서 속 모르고 틀어지는 영화보다 관객이 더 감동스러운 상영회였다.

#참을 수 없는 역사의 가벼움_프라하

국가 폭력 피해자들을 다룬 이 영화를 초청해 준 최초의 국가 기관은 주체코 대한민국대사관이었다. "체코에도 젊은이들의 연쇄 분신자살이 있었어요. 얀 팔라흐(Jan Palach)라는 대학생이 시작이었는데, 체코에서는 범국민적인 기억이라고 할 수 있어요. 내년(2019)이면 50주년이 되죠."

체코 사람들에겐 1969년 프라하의 봄을 앗아간 소련군의 점령에 항의하며 분신했던 젊은이들*에 대한 기억이 존재한다. 서울의 광화문 광장에 해당하는 프라하 바츨라프 광장 뒤편에는 그들을 기리는 비석이 있는데, 세로로 곧게 서 있는 대부분의 기념비와는 달리 마치 인간의 모양처럼 굽은 채로 땅 위로 나지막하게 솟은 십자가 모양으로 누워 있다.

---

* 얀 팔라흐는 1969년 1월 16일 바츨라프 광장의 국립 박물관 앞에 있는 분수대로부터 몇 미터 떨어진 곳에서 자신의 몸에 기름을 부은 뒤 불을 놓았다. 만개할 줄 알았던 프라하의 봄이 소련의 무력 진압으로 허무하게 사그라진 뒤였다. 체코의 경찰들은 자살의 배후를 캐내겠다며 팔라흐가 후송된 병원까지 쫓아왔다. 비밀 분신자살조가 있었다는 소문 또한 흉흉하게 번져 갔다. 그다음 날 그 자리에서 대규모의 단식투쟁을 비롯한 시민·학생들의 시위가 이어졌다. 약 한 달 뒤 같은 자리에서 또 한 명의 대학생 얀 자이츠(Jan zajic)가 분신했고, 두 달 뒤 이흘라바에서 에브젠 플로첵(Evzen Plocek)이 팔라흐의 뒤를 따랐다. 프라하의 겨울은 20년 동안 지속됐다.

프라하의 봄의 이야기를 소설에 담아 한국에 잘 알려진 수작 밀란 쿤데라의 『참을 수 없는 존재의 가벼움』은 얀 팔라흐와 그를 담당했던 의사가 언급했던 프라하 시민들의 '무기력'이라는 단어를 투과할 때, 역사적 불행 속에서 살아남아 좌절한 인간들의 내면과 관계가 더 뚜렷이 드러난다. 그 일들을 알고 난 뒤 그 책을 다시 찾으면, 작가 밀란 쿤데라가 '단 한 번만 있는 삶'을 강조했던 이유, 주인공 토마시가 무엇보다도 공감이 두려워 가벼운 관계에 집착하는 이유가 행간에 새로이 가득 채워진다.

한 나라의 역사를 애도의 역사로 새롭게 발견하는 것은 그저 무심히 갱신되는 것처럼만 보이는 역사라는 도가니에서 인간 본연에 대한 소중한 질문 거리들을 발견하는 것이기도 하다. 십자가의 왼쪽에 얀 팔라흐와 얀 자이츠의 이름과 희생된 날짜가 새겨진 기념비는 사람들이 무심히 스치는 거리에서 그들이 쓰러졌던 자리를 가리키고 있었다.

#지켜 주는 사람들_광주극장

1993년에 지어진 광주극장은 신작 영화를 손으로 그려 간판으로 내놓는다. 거대한 영사기와 수십 년 된 포스터가 즐비한 거대한 박물관이면서도 다양한 공연도 가능한 하이브리드 극장이다. 이 자리가 더욱 특별했던 것은, 목포에서 올라오신 고 박승희의 아버님과 보성에서 올라오신 고 김철수의 부모님께서 함께 해주셨기 때문이다. 혹여 유족의 마음을 거스르지 않을까 싶어 그분들만을 위한 상영본을 만들어 갔다.

다시 떠올리고 싶지 않을 자식의 죽음을 영화로까지 보게 되어 버린 심정을 헤아릴 자신이 없어서 내내 안절부절했다. 늘 그러셨듯이 박승희 아버님께서 호쾌하게 나를 비롯한 관람객들의 마음을 편하게 해 주셨고, 촬영 때 여름에 뵙고 인사드리지 못했던 김철수의 아버님과 어머님 손을 한참 잡고 있을 수 있어 좋았다. 1996년 3월 시위 도중 정부의 강경 진압으로 사망했던 고 노수석의 아버님과 1988년 5월 명동성당에서 주한미군 철수를 외치며 투신했던 고 조성만의 아버님을 비롯한 광주전남추모연대가 함께 자리를 지켜 주어 감회가 두터웠던 자리였다.

#일본 자유법조단의 단체 관람_서울 인디스페이스

〈1991, 봄〉의 총 누적 관객 중 일본 관객만 100명이 넘는다. 그 중 절반은 일본 자유법조단 오키나와지부 소속의 변호사들이 주가 된 일본 변호사들이 단체로 관람을 해 준 덕이다. 일본 자유법조단은 우리나라의 민주사회를 위한 변호사모임(민변)과 유사한 법조인 단체로 이 단체와 교류 사업을 진행 중이던 한 민변 변호사의 자발적인 노력에 의지해 성사된 상영회였다. 그의 후원을 통해 일본어

자막을 만들어 상영할 수 있었고, 조는 사람 하나 없이 영화에 몰
두하는 외국 관객들을 지켜볼 수 있었다.

후쿠오카에서 일하고 있는 한 변호사는 일본어로 된 한국 민주
화 역사에 관한 책까지 보여 주며 '일본에서 〈1987〉을 봤는데 그와
대비되는 새로운 사실을 알게 해 줬다'는 말을 직접 전했고, 재일교
포 출신의 변호사는 '참혹한 희생 뒤에도 사람이 남는다는 사실을
일깨워 줬다'는 인상적인 평을 남겼는데, 일본어를 모르는 나로서
는 일본어 자막이 뭔가 실제 영화가 말하고 있는 것보다 훨씬 있어
보이도록 번역된 것이 아닌가 하는 생각을 했던 하루였다.

#소년 같은 사람들_전주 디지털 독립영화관

전주는 숙주나물무침만으로도 밥 두 공기를 거뜬히 먹게 한다.
전주 상영에는 1991년 당시 전민련 의장이었던 한상렬 목사님도
자리에 계셨는데, 영화 상영이 끝나고 말씀도 없이 나를 힘껏 안
았다.

고 김기설 씨의 생전 당시 업무 중 하나가 한상렬 목사를 수행
하는 것이었다. 그는 분신 결행 직전, 명동성당에 오랫동안 갇혀 있
느라 옷도 갈아입지 못하던 한상렬 목사님의 셔츠와 양복 한 벌을
해 달라고 동료에게 부탁했었다.

한상렬 목사도 보는 건 힘들 것 같아서 많이 망설이다 왔다고

했다. 한결같은 수염에 남에게 말하기보다 들으시는 목사님 모습. 식사 자리가 파하자 얼른 뛰쳐나가 자신보다 몇십 년 어린 사람들의 신발을 신기 좋게 돌려놓는 모습. 누구보다 소년 같아 보이는 목사님이 말한다. "기설이는 참 소년 같은 사람이었다"고.

다시 기억할 수 있어서 고맙다_부산 국도예술관

2017년 크리스마스이브. 부산 국도예술관에서의 상영의 기억을 잊지 못한다. 출연자이기도 한 김진숙 지도위원이 보러 와 주어 기뻤던 시간. 그리고 그녀가 국도예술관의 단골 관객이란 것을 알게 돼서 행복했던 시간. 삼성전자서비스 노조 조합원이었던 관객분 덕에 최종범, 염호석 씨의 이름을 다시 기억할 수 있어서 더욱 뜻깊었다.

영화를 상영한 스크린 바로 밑에서 그 영화를 본 관객들과 그 영화를 만든 감독이 함께 뒤풀이를 했던 건 이곳 말고 다른 곳에서도 가능한 기억일까 싶다. 2018년 1월 31일 국도예술관은 마지막 상영을 했다. 마지막 상영작은 박배일 감독의 국도예술관에 대한 다큐멘터리 〈라스트 씬〉이었다. 국도예술관의 프로그래머는 "폐관이라는 말은 쓰지 않겠습니다. 공간과 이별할 뿐, 국도예술관은 그대로 존재할 것입니다. 다만 장소와 안녕을 고할 뿐입니다"라고 말했다.

초대를 받아 나서기는 했지만, 아는 사람이 없어 상영관 문 앞에서 머쓱하게 있었을 때였다. 그때 내 이름을 부르며 나에게 말을 걸어온 노신사가 있었다. 그는 지금은 정년 은퇴를 했지만 당시 무주에서 교직 생활을 이어 가고 있던 전교조 해직 교사 나승인 선생님이었다. 그는 고 김영균이 새벽을 틈타 유인물을 붙이고 다니며 해직을 반대했던 바로 그 은사였다.

30년이 훌쩍 지난 만남이었다. 그는 해직 직후 학교 앞에 '책마을'이라는 서점을 차렸다. 내가 시집 하나 사고 먼발치에서 돌아보던 바로 그 선생님이다. 이어진 뒤풀이 자리에서 선생님을 모실 수 있었다. 자정이 넘도록 그 이후의 삶 이야기, 제자 김영균에 대한 이야기 같은 이야기들이 이어졌다. 다음 날 아침이 오지 않기를 바랐던 새벽 술자리였다.

#기억되지 못한 이름이 더 많다_대구 오오극장

유서대필 조작 사건의 검사였던 곽상도의 선거 운동을 찍기 위해 찾았던 대구. 선거 홍보 차량이 가로지르던 그 길들에는 조작 사건에 가담한 허망한 정치인의 포스터만 있는 것이 아니라 그의 낙선운동을 주도했던 시민단체들도 있었다. 조선식산은행을 보존

한 대구근대역사박물관 맞은편 골목에 대구경북추모연대 사무실이 큰 유리창을 두고 있고, 같은 건물에는 영화 촬영에 도움을 줬던 대구 참여연대도 사이좋게 아래위층을 나눠 가지고 있다. 다들 무심하기로 작정한 것 같은 시간 속에서도 대구경북추모연대는 1991년 8월 18일 군대 휴가를 받고 나와 자신의 학교에서 분신했던 대구대 초등특수교육 예비교사 손석용의 희생을 30년째 기리고 있다.

〈1991, 봄〉은 강경대의 희생이 있었던 4월 26일부터 김귀정의 희생이 있었던 5월 25일 한 달 동안 희생했던 11분의 이름만 부르고 있을 뿐이다.

#늘 꽉 차 있던 예술영화 극장_인천 미림극장

인천에는 추억극장 미림이 있다. 배를 대는 다리가 있던 곳이라 배다리골이라고 이름 붙여진 동네에 자리한다. 헌책방이 밀집한 골목이 있고, 인천 대표 먹거리가 모여 있는 신포시장과 송현시장도 가깝다. 한때 관객들이 가마니를 깔고 영화를 봤다는 오랜 역사의 극장이고, 시니어 극장이면서도 모든 연령층을 겨냥한 다양한 기획을 꾸준히 해 오고 있는 극장이다.

이 극장을 찾을 때마다 상영관은 늘 관객으로 꽉 차 있었다. 2019년에는 일본 요코하마의 커뮤니티 시어터 '잭 앤 베티(Jack &

Betty)'와 동시 상영전을 했는데, 특이하게도 각 영화관이 추천하는 독립, 예술 영화를 교차 상영했다. 지역의 오래된 예술영화관이 국경을 넘어 교류하는 과정에 〈1991, 봄〉을 상영할 수 있었고, 덕분에 바다를 건너가 일본 관객 분들도 만날 수 있었다. 고 김영균의 동기였던 김준모를 만난 곳도 이 극장에서였다. 서울로 돌아오던 길, 최악을 피해 차악을 겨우 살아가고 있을 뿐이라고 겸손을 가장한 솔직한 그의 말이 내내 마음에 남았다.

#예천에 김영균 농장이 있다_예천

국회 상영을 마치고 돌아오던 날 집에서 보게 된 뉴스 꼭지.

"사퇴하지 않으면 당신들은 쓰레기다.' 우리가 얘기해 주지 않으면 그들은 끝까지 의원직을 내려놓지 않을 것입니다."

_김구일, 예천군의원 전원 사퇴 추진위원회

예천에는 마구잡이 폭행을 가하는 군 의원과 그걸 또 감싸고 숨기는 군 의원들이 있기는 하지만, 그곳에는 〈1991, 봄〉에 출연했던 김구일 씨도 있다. 그는 슬프고 헛헛한 이야기를 해야 할 때조차 특유의 선한 보살 미소를 잃지 않았었다. 김구일 씨는 1991년 분신했던 김영균의 이름을 딴 농장에서 아내와 함께 유기농 농사를 짓고 있다. 또 다른 TV프로그램에서는 그의 아내를 마주했는데, 그녀에게서 한글과 시를 배우고 있는 할머니들과 함께 〈한국인의 밥상〉이라는 프로그램에서 팥잎밥과 호박잎전을 만들고 있었다.

#기억을 소리 내어 읽는 사람들_요코하마

잭 앤 베티 시네마는 요코하마에 있는 고전영화관이자 유일한 독립영화관이다. 2007년 폐관되었다가 당시 20대 젊은이들이 운영을 맡아 지금의 커뮤니티 극장으로 성장했다. 우연이지만 최초로 개관했던 연도가 1991년이다. 이 극장에서 열리는 와카바초 다문화 영화제라는 타이틀은 인천의 디아스포라영화제를 연상시킨다.

80여 명이 넘는 관객이 〈1991, 봄〉을 보기 위해 찾아왔다. 상영 직전 도쿄대학교 유코 마나베(Yuko Manabe)[*] 교수의 영화의 시대적 배경에 대한 설명이 있었다. 그중 한 관객은 놀랍게도 한국에서 이 영화를 두 번이나 봤고 세 번째로 이 영화를 본 분이었는데, 일본어 자막으로 볼 수 있어서 더 깊은 이해가 가능했다는 말을 내게 전했다. 시모노세키 항에서 배를 타고 한국 영화를 보러 오신다던

---

[*] 도쿄대 동양문화연구소의 한국의 민주화운동에 대한 전문 연구자로 한국과 일본을 오가며 양국 시민의 교류를 위해서도 힘쓰고 있다. 저서로 『열사의 탄생: 한국 민중운동에서의 한의 역학』이 있다.

그분은 일본에서는 인연이라는 말보다 연이라는 말을 쓴다는 것도 알려줬는데, 감사한 연이었다.

〈1991, 봄〉 상영 이튿날(9월 8일), 잭 앤 베티 시네마 건물 1층에 있는 Art Lab Ova에서 열린 관동대지진* 기록 낭독회에 참여했다. 그 기록들이란 대지진 당시 초등학생들이 학교에서 남긴 작문을 요코하마에 있는 교사들이 발견한 것인데, 그 교사들이 초대되어 오셨고, 요코하마 지역 커뮤니티의 사람들이 음료 값을 보태며 자발적으로 열린 행사였다.

요코하마 초등학교의 대지진 작문 수백 편 중 일부를 읽는 것이었고, 한국어로도 번역이 되어 인쇄물로 나눠졌다. 대부분 조선인에 대한 두려움과 혐오를 표현한 것이었는데 그 속에서 조선인에게 동정어린 마음을 표현한 단 하나의 글이 낭독되었다. 이 기록을 발견한 선생님은 이 기록 하나가 자신을 구한 느낌이었다고 했다.

좁은 자리를 불평하는 이 하나 없이 숨죽이며 귀 기울이던 Art Lab Ova의 분위기도, 당시의 실상들을 조심스럽게 묻는 일본 시민들의 모습도 마음 한구석에 두꺼운 인상을 남겼다. 한국 관계자들이 도착하기 전 위령비 참배가 있었다고 하니, 그 모습들이 그 자

---

* 1923년 9월 1일, 요코하마를 비롯한 일본 관동 지방에 진도 7이 훌쩍 넘는 대지진이 이틀간에 걸쳐 있었다. 일본인들은 대지진 직후 조선인들이 방화와 범죄를 저지르고 있다는 유언비어를 믿었고 그들이 습격할까 두려워했다. 조선인을 보면 무기를 들고 폭행을 했으며, 자신들을 지킨다는 명분으로 학살을 자행했다. 일본 정부는 이제껏 조선인 학살에 대해 공식적인 조사와 사과를 한 적이 없으며, 관동대지진 이후 학살당한 조선인을 기리는 위령비 또한 민간인에 의해 세워졌다.

리에 와 있는 한국인들을 위한 전시성 행사는 분명 아니었다. 서로가 나눠야 할 기억과 이야기가 많은 한국인들과 일본인들은 서로에게 필요한 존재들이다. 기록을 보전하는 것도, 보전된 기록을 발견하고, 발견된 기록을 방치하지 않고 찾아내 다시 꺼내 함께 읽던 그들의 모습을 기억한다.

△ 1991년 초반 학교마다 크게 다친 학생들이 있을 정도로 시위 진압은 폭력적이 되어 갔다.
   1991년 5월 20일경 충무로 일대.
▽ 백골단이라 불린 사복 체포조는 시위대나 시민들에게는 두려움을 대상이었다.
   충무로 일대에서 학생을 쫓는 현장.

朝鮮日報 1991年 5月 5日

죽음의 굿판 당장 걷어치워라
환상을 갖고 누굴 선동하려 하나

젊은 벗들! 역사에서 무엇을 배우는가

김지하

죽음을 제멋대로 이용할수 있나
슬기롭고 창조적 저항 선택해야

△ 연세대 앞 굴다리 아래에서
학교 쪽으로 연발 최루탄을 쏘고 있다.

▽ 1991년 5월 5일 《조선일보》에 기고된
김지하의 칼럼

△◁ 갓 생긴 여자 친구의 존재와 당시 동우대 등의 상황으로
　　인한 번민이 담긴 김기설의 메모.
△▷ 대필 시간과 장소도 특정하지 못한 채, 김기설에 대한 편견을
　　드러내고 있는 검찰의 1심 공소장.
◁　1992년 재판을 받으러 이송 중인 강기훈 씨.

△　1991년 5월 9일 의문사한 박창수의 장례식 노제에서 아들 박용찬이 영정을 들고 있다.
▽　1991년 6월 12일 김귀정 장례식 행렬.

△ 천세용이 그린 만화.
▽ 애처가였던 박창수가 구치소에서
아내에게 보낸 편지.

내가 영수로 사랑하는 여편네 (조강지처) 찬이·예란 엄마!
모두들 건강하고 별탈없이 잘 지내는지? 답장이 늦어서 미안하오.
감기가 걸린 데다가 당신의 눈물 젖은 편지를 읽고 나서, 또한
당신의 헬쓱해진 얼굴을 보고, 걱정과 염려 그리고 죄책감 에
마음이 심란해서 답장을 쓸수가 없었다오. 그동안 부처님 말씀
으로 엮어진 책를 읽으며 마음이 차분하게 안정 되었고,
내가 흔들리고 약해지면 당신과 옹찬이 예란이는 누굴 믿고
살것인가? 하고 생각하니, 다시금 힘이 무쩍 붇해 생기더구려.
당신도 이제는 식사도 많이 하고 기운을 차려서 건강 해야 하며,
우리 옹찬이와 예란이가 나처럼 불행한 어린시절 겪지 않도록,
당신과 나는 벼를 잡는 아픔이라도 감수해야 (환경위조)
나름대로는 하늘을 우러러 부끄럼이 없도록 노력해 왔지만, 우리가족
과 친척들에게는 고통를 주어 너무나 죄송한 마음 금할길 없구려.
특히나 장모님과 처형이 오마나 걱정들을 하실런지…. 하지만
여보! 폭풍이 지나간 뒤에 태양은 더욱 찬란하고, 비가 온뒤에
땅은 더욱 굳어 지듯이, 그동안 잘못 된정을 반성하고, 개선하면
오늘의 고통이 진정 내일의 축복이 될수있다고 자신하며, 내걱정은
조금도 하지말고 재롱동이 찬이와 예란이 키우는데 전념하여 주길
바라오. 나는 진정 당신의 굳은 정개를 믿지만, 여자가 혼자산변
여러가지로 홍보기가 쉬우므로. 당신 뜻대로 장모님도 적적찬데
처가겁으로 이사를 하는것이 더 좋은것 같구려 (빚세는 처가에서 활용)
당신의 우둔한 마음이 옹찬이. 예란이의 재롱으로 닮아질 부처님께
기도드리며, 장모님, 처형, 처남, 동서 에게 안부 전해 주길 바라고, 매주
토요일 면회 (12시 접수마감)를 오지 못하면, 내가 걱정 되니까, 성남에
이리 전화하여 대신 면회가 되어야 하고, 항상 건강해야 하오.
추신: 조합에서 하는일에 당신이 앞장서지 말고 다른돌 에게 유명한사
— 당신을 진짜 좋아하는 찬이·예란 아빠가
1991. 3. 24 적음.

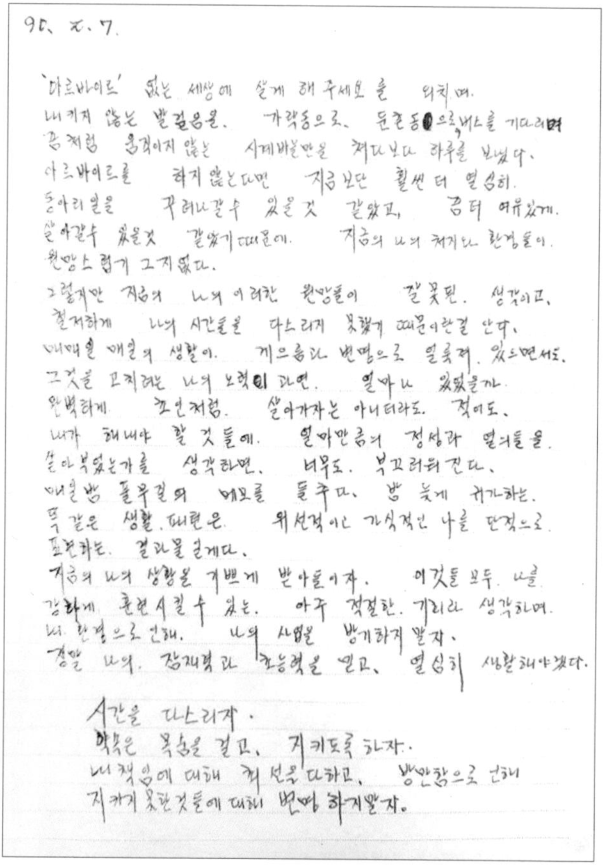

90. 2. 7.

'아르바이트' 없는 세상에 살게 해주세요 를 외치며.
내키지 않는 발걸음을. 가락동으로. 둔촌동으로, 버스를 기다리며
곰처럼 움직이지 않는 시계바늘만을 쳐다보다 하루를 보냈다.
아르바이트를 하지 않는다면 지금보단 훨씬 더 열심히.
동아리일을 꾸려나갈수 있을것 같았고, 좀더 여유있게.
살아갈수 있을것 같았기 때문에. 지금의 나의 처지나 환경들이.
원망스럽기 그지없다.
그렇지만 지금의 나의 이러한 원망들이 잘못된. 생각이고,
철저하게 나의 시간들을 다스리지 못했기 때문이란걸 안다.
매일 매일의 생활이. 게으름과 변명으로 얼룩져. 있으면서도.
그것을 고치려는 나의 노력이 과연. 얼마나 있었을까.
완벽하게 초인처럼. 살아가자는 아니더라도. 적어도.
내가 해내야 할 것들에. 얼마만큼의 정성과 열의들을.
쏟아부었는가를 생각하면. 너무도. 부끄러워진다.
매일밤 돌무질의 메모를 들추다. 밤 늦게 귀가하는.
똑같은 생활. 때론은 위선적이고 가식적인 나를 단적으로
표현하는 결과물일게다.
지금의 나의 상황을 기쁘게 받아들이자. 이것들 모두 나를
강하게 훈련시킬수 있는. 아주 적절한. 계기라 생각하며.
나. 환경으로 인해. 나의 사명을 방기하지 말자.
정말 나의. 잠재력과 초능력을 믿고. 열심히 생활해야겠다.

시간을 다스리자.
약속은 목숨을 걸고 지키도록 하자.
내 책임에 대해 최선을 다하고, 방만함으로 인해
지키지 못한것들에 대해 변명 하지말자.

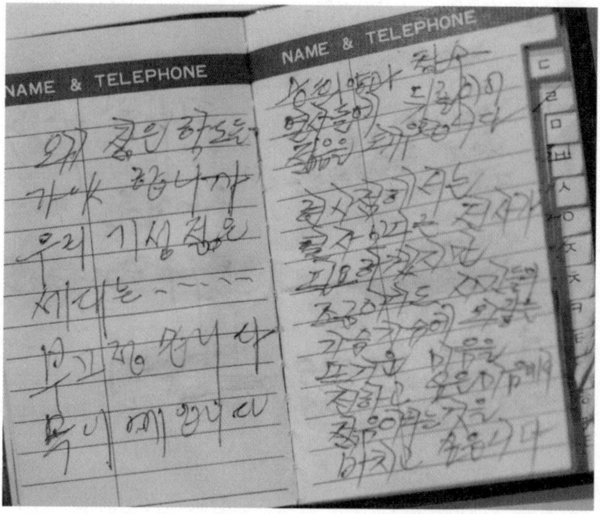

△ 바쁘지만 열정이 가득한 일상을 꾸려 갔던 김귀정의 일기.
▽ 정상순의 수첩.

△　프라하 바츨라프 광장에 있는 얀 팔라흐 추모비.
▽　명지대 앞에 있던 추모 동판과 기념비. 현재는 학교 내 민주광장에 자리한다.

△ 곧고 담담하게 자신에게 주어진 삶을 살고 있는 강기훈 씨 최근 모습.
▽ 지금은 가천대로 바뀐 대학 교정에 송광영, 천세용 두 분의 추모비가 나란히 서 있다.

맺음말

갇힌 걸까
흩어진 걸까

찾지 말라,

나는 곧 무너질 것들만

그리워했다

_기형도, 「길 위에서 중얼거리다」 중에서

1991년 5월은 87년 6월과 달랐다. 둘 다 뜨거웠으나, 둘 다 영예
로운 경험으로 남은 건 아니다. 둘 다 민주화 투쟁으로 시작됐으
나, 둘 다 '항쟁'의 이름을 얻은 건 아니다. 후자는 '민주화 원년'으
로 기록됐으나, 전자는 상처와 오욕의 시대로 남았다. 후자는 일부
지도부에게 정치 권력을 안겨 주며 거듭 호명되고 있으나, 전자는

떠올리는 것조차 고통스러운 과거로 잊히고 있다.

_김연수, 『네가 누구든 얼마나 외롭든』 중에서

1987년 6월 항쟁은 국가의 공권력에 의해 생을 빼앗긴 젊은이들에 대한 애도와 추모로 시작한 거대한 대중의 물결이었다. 공권력에 의한 억울한 죽음에 대한 슬픔과 분노를 거리로 모았던 재야 운동권 세력은 혼자가 아니었다.

한때, 재야 세력을 대표했던 이부영 전민련 공동의장은 "광주 학살을 통해 정권을 잡은 군부 독재 세력의 정권 연장 시도를 막고, 1987년 대통령 직선제를 이끌어 냈던 것은 학생, 재야 운동권 세력의 선도적인 희생과 헌신만이 아니라 야당의 제도정치 세력, 넥타이 부대로 대변되는 중산층 시민들 또한 거리에 있었기 때문에 가능한 일이었다"라고 당시를 회상한다.

1991년 대규모의 군중을 동원한 거리의 정치를 부활시킨 것 또한 역시 재야 운동권이었다. 재야 운동권의 연합 사무처라고 할 수 있는 전국민족민주운동연합(전민련)을 비롯, 전국대학생대표자협의회(전대협), 전국노동조합협의회(전노협), 전국교직원노동조합(전교조), 전국농민회총연맹(전농) 등 1987년 이후 결성된 전국 단위의 조직들이 있었다.

그들은 강경대의 사망 다음 날인 4월 27일 신속하게 범국민대책회의를 구성했고, 대중을 동원하는 능력은 1987년 '국민운동본부'를 앞서고도 남았다. 대중을 동원한 거리의 정치는 압도적인 공권력 앞에 유일한 선택처럼 보였다. 실제로 재야 운동권 세력은 시민들이나 정치세력의 지원이 없이 독자적으로도 최대의 군중을 동원할 수 있었다.

5월 4일 전국 21개 지역에서 열린 '백골단 해체와 공안 통치 종식을 위한 범국민 궐기대회'에 20만 명, 5월 9일 87개 지역에서 열린 '민자당 해체와 공안 통치 종식을 위한 범국민대회'가 55만 명, 5월 18일 강경대 장례식에 81개 지역 40만여 명이 참여했다. 그러나 죽음이 거듭되었고, 이어진 '유서대필 조작 사건'은 재야 운동권을 불가해한 죽음을 조장하는 패륜아의 집단으로 낙인찍는 기억의 원형이 되었다.

공권력의 폭력이 시민들의 죽음과 뒤엉키며 더욱 거세져만 가는 동안 성균관대 김귀정이 토끼몰이식 시위 진압에 목숨을 잃었고, 전교조 교사의 해직을 주도했던 정원식 총리 지명자에 대한 밀가루 투척 사건이 일어났다.

언론은 학생을 죽인 쇠파이프나 군홧발보다 스승에 대한 밀가루 세례를 용서하지 않았다. 김대중 당시 평민당 총재는 정원식 총리에게 전화를 걸어 다친 곳은 없는지 안부를 물었다.

죽은 이들을 기리던 수십만 명이 운집한 거리의 광장은 사라졌다. 그 자리에 남은 '운동권'이라는 불특정한 집단에 대한 편견은 강기훈 씨에게 실형을 선고하는 또 다른 판사였다. 그리고 1991년

거리에 나선 사람들은 그해 5월에 있었던 기억을 잊기로 한다. 그 거리에 있던 일들은 '악몽이었으려니, 실제로 일어난 일이 아니려니' 그렇게 30년을 살아 냈다.

'추억 팔이'에 대한 의심

수 년째 이 이야기를 붙들어 온 나는 종종 이런 질문을 받았다. "혹시 이거 운동권 추억 팔이 하는 이야기야?"

운동권이란 사람들이 있었다면 그들은 추억을 팔면 안 되는 사람들이라는 데 나는 동의한다. 삶을 변화시키고, 사회를 나아가게 하고자 했다면 오히려 뒷걸음질 치는 지금을 누가 설명할까? 그들이 떠난 자리에 남은 건 편견 말고 무엇이 있을까? 이 몇 문장 안 되는 곳에 찍힌 물음표보다 훨씬 많은 물음표가 마음에 찍힌다.

고려대 장하성 교수는 현재 한국 사회의 양극화 문제를 지적하면서 이렇게 언급한 적이 있다.

> 보수는 박정희 시대에, 진보는 (6월 항쟁이 있었던) 1987년에 머물러 있다.

1987년, 태극기를 휘감은 의장을 옹립한 뒤, 보통 사람 노태우 대통령이 지배하는 세계보다 더 군사적이며 봉건적인 세계가

1991년을 덮쳐 버린 건 아니었을까?

그렇지 않았다 해도 운동권, 그 성찰 없는 신화는 무너져야 한다. 그들은 그들 자신의 말만큼 급진적이지 않았다. 급진적(Radical)이란 말의 사전적 정의는 '급진적'이란 말뜻 이전에 '근본적'임을 포함한다.

1991년 그해 거리에 모였던 사람들의 근본은 무엇보다 공권력에 희생당한 억울한 죽음에 대한 애도와 추모였다. 퍼벌한 삶이 다하고 난 뒤의 죽음에 대한 존중과 추념, 그것은 사람으로 태어나 가져야 했을 최소한의 인권이었다. 애도로 시작했던 시위는 정권 타도, 노동 해방, 반미자주 등 말뿐인 구호와 뒤섞이며 흩어졌다. 투쟁이 모자랐던 것이 아니라 투쟁이 기본으로 갖추었어야 할 인권 감수성과 민주주의가 모자랐다.

보수와 진보를 자처하는 사람들의 고통보다, 보수와 진보라는 말에서조차 소외된 사람들의 소리 없는 고통이 훨씬 커져 버린 세월이 쌓여 왔다. 1991년이라는 해를 기억하고 기록하는 것을 시작했던 이유다.

역사의 가해

1991년 광복절 전날인 8월 14일, 일본군위안부 피해자인 고 김학순 할머니가 기자회견을 통해 최초로 위안부 피해를 공개 증언했다. 그해 10월 위안부 문제를 정면으로 다룬 드라마 〈여명의 눈동자〉가 전파를 탔지만, 46년이 지나서야 토해 낼 수 있었던 역사의 가해는 그로부터 30년이 지난 지금까지도 사과 한마디 없다.

"110살이든 120살까지든 살아서 내 귀로 직접 일본 정부와 일왕의 사과를 듣겠다"던 김학순 할머니는 1997년 12월 겨울에 세상을 떠났다. 그해 발발했던 걸프전 또한 그러하듯이, 역사의 피해자를 살피는 권력은 그것을 기억하는 이들의 경고가 없이는 존재하지 않을 것이다.

흩어진 걸까, 갇힌 걸까

1991년은 우리나라에 노래방이 처음 생긴 해이기도 하다. 4월 부산 동아대 앞 로얄 오락실 내에 오락기에 동전을 넣어 사용하는 노래 반주기가 우리나라 노래방의 기원이었다. 공식적인 최초의 노래방은 1991년 5월에 부산 광안리 해변에 문을 연 '하와이 비치 노래 연습장'이라고 한다. 그해 거리의 광장에서 모여서 부르던 노래는 사라졌다. 사람들은 그렇게 각자 흩어져 자신이 부르고 싶은 노래를 노래방에서 불렀다.

소설가 김연수 씨는 인터뷰에서 자신의 소설은 군중이 아니라 개인을 그리지만, 그 소설을 쓰는 자신은 개인의 자격으로 쓴 적이 없다는 수수께끼 같은 말을 남겼다.

지금 돌이켜 보니 다시 의문이 생긴다. 우리는 흩어졌던 걸까? 갇혔던 걸까?

주위 분들로부터 영화는 더 안 만들고 왜 이렇게 힘든 이야기를 거듭 쓰고 있느냐는 질문의 외피를 두른 질타를 많이 들었던 것이 사실이다. 미안함 반, 의기소침 반으로 그에 대한 진지한 답을 만들어 볼 틈을 놓쳐 왔었다. 이 기회를 빌려 그 이유를 굳이 글로 만들자면, 삶의 한복판에서 머뭇대고 있는 나를 그들의 죽음들이 대신 설명하고 있다는 생각을 30년 내내 떨쳐 낼 수 없었기 때문이라는 답을 남겨 놓고자 한다.

자신이 살고 있는 세상을 더 낫게 만들고 싶은 욕망으로 가득한 존재, 죽음이라는 거스를 수 없는 운명을 스스로 직면하고 숙고할 수 있는 존재가 이 땅에 살기 시작한 것은 우주의 지난한 역사와 비교할 때 찰나의 순간에 불과하다. 삶의 한복판에 팽개쳐진 채 노동의 수고로움으로부터 한시도 벗어날 길 없는 그 대부분의 개별 존재들에겐 1년 전의 일을 기억해 내기도 버거운 긴 시간이 흐를 뿐이다 보니, 내가 억지를 부려서라도 망각의 벼랑에 있는 작고 소중한 죽음들을 별 볼 일 없는 솜씨로라도 기록하고 싶었다.

여전히 공명을 필요로 하는 작지만 역사적인 죽음들은 언젠가는 내가 버리지 못한 서툰 희망 그리고 반복되는 절망들과 어디선가 만날 것이다. 그리고 그 공명의 흔적들이 결국은 우리들이 살고 있던 역사의 실존을 구성할 것이라고 믿는다.

1991, 봄

잃어버린 이름들을 새로 쓰다

2021년 5월 3일 제1판 1쇄 인쇄
2021년 5월 13일 제1판 1쇄 발행

지은이	권경원
그린이	이강훈
보탠이	정준희, 송상교
펴낸이	이재민, 김상미

편집	정진라
디자인	정계수

종이	다올페이퍼
인쇄	(주)청아디앤피
제본	국일문화사

펴낸곳	너머북스
주소	서울시 서대문구 증가로20길 3-12
전화	02) 335-3366, 336-5131
팩스	02) 335-5848
등록번호	제313-2007-232호

ISBN 978-89-94606-65-1 03300

사진 제공: 민주화운동기념사업회, 박승화, 권경원
너머북스와 너머학교는 좋은 서가와 학교를 꿈꾸는 출판사입니다.
홈페이지 www.nermerbooks.com